小さな「悟り」を積み重ねる

アルボムッレ・スマナサーラ
Alubomulle Sumanasara

a pilot of wisdom

まえがき――「錯覚の世界」から目醒めるために

私たちが現実と思っているこの世界は、心がつくりだす「錯覚の世界」に過ぎない。

仏教ではそう語っています。

ですが、皆の錯覚はほとんど似ているので、錯覚ではなく現実そのものではないかと、私たちはさらに錯覚します。

人がバラの花をきれいだと感じたら、皆、それはそうだと同感してしまうのです。

しかし、それは「バラ＝きれいな花」という世間のイメージがあるからで、かりにそれが「バラ＝不吉で品のない花」というイメージであれば、バラの花を見て「ああ、きれいだな〜」と感動する人はあまりいないでしょう。

その人の主観的な感覚を措《お》いて、ありのままの事実はどうなっているのかに気づくことは難しいのです。そして、それは私たちが錯覚を共有していることで起こる問題なのです。

人の生きることの悩み、不安、迷いのすべては、この世を錯覚して見るから起こるものです。

錯覚から目醒めるというのは、悩み苦しみから解放されることです。

悩み、不安、迷いなどが一切消えることです。

しかし、私たちの強固な錯覚は一日にして消えるものではありません。

それでも大きな問題は、皆、同じ錯覚に陥っているから、抜け出してみようという気持ちも起こさないことです。

ついつい、皆と同じことを考えてしまいます。あなたの意見は何でしょうかと訊《き》かれたら、周りの人々の顔色をうかがって、皆の意見に賛成してしまいます。皆が言っているから、というフレーズは我々の逃げの言葉です。身の安全をはかってこのような生き方をします。自分で調べようとすること、自分で発見してみることは、まずしないのです。ですから、錯覚から抜けだすことはとても難しい作業になっています。

これは人間の弱みです。この弱みを無くして、真理を発見する方法として、仏教は「ありのままに見る」という方法を教えます。

仏教が語る「ありのままに見る」世界もそれと同じで、一般的な人々にとっては理解しがたい、難しい話だと感じられてしまうのです。

しかし私たちは、悩み苦しみに陥って、不安や迷いに囚《とら》われ、悲嘆にくれる生き方をしているのです。この迷路から抜けだす方法がわからないで困っているのです。

そんな私たちに、仏教は錯覚から「目醒める」ことを推薦します。

これは一日にしてできることではありません。

そこで、仏教は小さな小さな悟りを積み重ねていく、いたって簡単な方法を教えるのです。

人は一日にして大悟に達しなくても構わないのです。

日々の人生をそのまま観察して、小さな小さなひらめきを積み亘ねていけばよいのです。

一つひとつの小さなひらめきが、一つひとつの悩みや不安をなくしてくれるのです。

日々、積み重ねていく小さな悟りの一つひとつが、やがて人生全体の真実を発見する大悟になるはずです。

小さな小さな悩み苦しみを解決していく過程で、心が一切の悩み苦しみ、迷い不安から解放されてしまうのです。

この本は人に突然、大悟をすすめるために作ったものではありません。日々の小さな悩みや不安を解決して生きる「小さな悟り方」を紹介しているのです。それが確実に大悟に達する道だと思ったからです。

皆様の迷いや不安が少々でもなくなるならば、幸いに思います。

この本の企画を立てて、長時間のインタビューをもとに原稿をまとめてくれた髙木真明さん、編集を担当された集英社新書編集部の渡辺千弘さんに心より感謝申し上げます。

アルボムッレ・スマナサーラ

目次

第四章　争いをもたらす自尊心を捨てる——123

第五章　人生は割り算にするといい

足し算の人生から引き算の人生へギアチェンジする
「脳が喜ぶ笑い」が問題を解決する
もっと泣いたほうがいい
空しさの感情は欲が大きいから起こる
矛盾を当たり前として生きる
実は頭でっかちではない現代人の悲劇
人は常識を破る自由と破ってはいけない常識の二つを持っている

第一章　あべこべ人生の夢から覚める

あべこべ人生の夢から覚める

仏教では、人間は自分で自分にマジックをかけている、と教えています。

また、人間は二四時間夢を見ている、現実を生きていないとも説くのです。


では、仏教が教える現実とは、いったい何でしょう。

それは、〝無常〟という一言で表現されます。

無常とは、「変化しないものは何もない」という教えです。

われわれは刻々と変化しながら流れる情報を眼耳鼻舌身意《げんにびぜっしんい》という感覚器官で受け取ります。しかし受け取るときに、それを脳内でスチール写真のように固定したものに変換してしまいます。「ものはある」という誤った認識（誤認）をつくってしまうのです。それによって苦しみのサイクルが生じるのです。

仏教は人間が自ら自分にかけているマジックのネタをばらし、夢から覚まそうとします。固定した何かがあるという幻覚を破って、無常を理解しましょう、と説くのです。

人生とは、一切が一瞬たりとも同じ姿をとどめない無常なものであるからこそ、成り立っているのです。「無常だから生きている」のに、反対に人間は生きるために無常に逆らおうとする。だから生きることがあべこべな行為になり、無駄に足搔《あが》くはめになるのです。

生きるとは、すなわち変化することです。ですから、それに逆らおうとすると相当な無理をしなくてはいけないのです。どんなに頑張って無理をしたとしても、無常という現実の前では負けてしまいます。

しかし、どうせ何もかもが変わるのですから、同じエネルギーを使うなら良い方向へ変えればよいのです。良い方向へ変えようとするならば、日常生活も楽になるし、人格を向上させることもできるのです。

〝無常の見方〟を万能薬にしましょう。すべて無常だという見方でいると、冷静でいられます。幸も不幸も長持ちしないと知って心を落ち着かせることができるのです。「私は安心・安全でありたい」という完全な状態を望んでも絶対叶《かな》わないという苦しみを、〝無常の感覚〟が治すのです。

私たちが犯す失敗の多くは、その根底に〝無常の忘却〟があるからこそ起こるものです。

無常の見方で生きる人は、因果法則（因縁）を理解します。

一切の現象は、原因と結果という因果法則によって一時的に成り立つことを知るのです。

一切の現象は、変化しつつ消えるものです。

自分も世界も因果法則によって起こる一時的な現象だと理解する人は、一流の〝人生の整備士〟になれます。体や心がトラブルを起こしても、あわてずにさっさと修理して、最善のコンディションを保つことができるのです。

無常と因果法則が身についた人は、〝自我〟という幻覚から解放されます。

すべては無常で、因縁より起こる現象なので、不変に固定された芯のような自我や魂など成り立たないのです。仏教を学んで理性が身につくと、「わたし」という確固たる実体はどこにもない、そんなものは幻覚だとはっきりわかるのです。

人間の一切の問題の原因は、この自我という幻覚から起こっています。

「自我は幻覚である」と納得できれば、どんな逆境にも負けない強者になれるのです。

〝無常の見方〟を万能薬にして、因縁を理解して、自我は幻覚であるとはっきり知った人は、一切を「捨て去らねば」と覚悟します。

私たちはすべてを捨てて死を迎えなくてはいけないのです。

人生はすべてレンタルなのです。

何一つ「自分のもの」にはならないのです。自分から必ず離れていくのです。

そしてその自分さえ最後に捨てて離れていかなくてはならないのです。

生きるとは、次々と直前の自分を捨てていくプロセスです。捨てた自分はもう二度と拾えません。

一切は捨ててしまうものだと覚悟した人は、捨てて、捨て続けた先に、この上ない心の自由に到達するのです。

人が考えるのはバカだからである

人は他の動物たちと違って、自分たちのことを〝賢い生き物〟だと思っています。人はいつでも「考える」から、「考えない動物よりも賢い」というわけです。

考えれば考えるほど、人は賢くなるというのが世間の常識です。でも、ほんとうに人は考えることで賢くなっているのでしょうか。

二〇〇万年前に現れたという人類の祖先から始まって、現代までの間、膨大な数の人間が毎日、毎日繰り返し考え続けてきました。考えることで賢くなるのならば、人類の賢さにはどんどん磨きがかかって、今の世の中は賢い人だらけのはずです。

ところが、現実の社会は問題だらけ。たくさんの人が心に悩みと苦しみを抱えて生きています。

なぜそうなってしまったのでしょう。結論から言えば、**考えれば賢くなるというのは幻**

想なのです。そもそも人は「バカだから考える」のです。

間違ったことや的外れのことばかり考えて、余計にバカになっていく。そんな悪循環に陥っているのです。

私たちはそれこそ四六時中、考えています。あれこれ概念をつくって考えるだけでなく、何かを見た瞬間にパッと閃《ひらめ》く想念のようなものも、考えることです。

一瞬、一瞬、入ってくるさまざまな情報や刺激に瞬時に反応し、私たちは評価や判断を下します。この思考の反応に私たちは生のエネルギーの大半を使っているのです。

とりとめない思考には、いろいろな期待や願望や夢が紛れ込みます。ときには怒りや嫉《しっ》妬《と》や後悔も入ってきます。

「こうなれたらいいな」「能力を磨きたい」「穏やかな暮らしがしたい」「ああすればよかった……」「許せない……」

さまざまな思考が頭の中でぐるぐる回り続け、脳はガラクタで一杯になっているのです。

このガラクタを整理してスペースを空けなければ、人を成長させる智慧《ちえ》という宝物を収めることはできません。

人間のあらゆる問題は、考えることから起こっているのです。

よりよく生きる真の智慧を身につけたいなら、思考を止めて、ありのままに自分や周囲のものごとを観察することです。その瞬間、ガラクタの思考が整理され、智慧が静かに湧《わ》き出してくるのが感じられるはずです。

苦しみの根源にあるものは何か?

〝苦しみ〟とはそもそも何なのでしょう。仏教では苦しみを二つに分けています。

一つは、「生きることそのもの」という苦しみ。もう一つは、「生きていく上で出会わざるをえない」苦しみです。

一つ目の苦しみから説明しましょう。

私たちが生きるこの体は、感覚の束で成り立っています。この命が感じるものは、苦しみしかないのです。

だから必死になって生きています。

たとえば、ご飯を食べないと苦しくなる。呼吸しないと苦しくなる。寝ないと苦しくなる。長く座っていると苦しくなる。長時間しゃべっていると苦しくなる。

何をやってもすぐ苦しくなるようになっているのです。

そこから逃げよう、逃げようとすることで命を守っているのです。


息を吐くことに強烈な喜びがあれば、もう息を吸いたくなくなるでしょう。でもずっと吐いたままでは死んでしまいます。空腹がとてつもない快感をもたらすなら、もう食べたくはないでしょう。でも何か食べないと死んでしまいます。

同じことをずっとし続けることは死を招きます。見たり、聴いたり、歩いたり、座ったり、食べたり、飲んだり、話したり、遊んだり、さまざまな行為を次から次へと行うことで、やっと命は守られるのです。しかしすべての行為は苦しみの連続です。

たとえば、大人の男性であれば一分間に二〇回くらいまばたきするそうです。

まばたきができないように指でまぶたを押さえて目を閉じないでいると、ボロボロ涙が出てきます。苦しくなります。このまばたきも苦を避けるために成り立っているのです。つまり目の中にも苦しみが隠れているのです。

このように見ていけば、命の根源は苦そのものであると理解することはそう難しくないはずです。

もう一つの「生きていく上で出会わざるをえない」苦しみとは、外からやってくる、人為的につくり出された苦しみです。たとえば子どもは試験勉強で苦しむし、お父さんは仕事のことで苦しみ、お母さんは子育てで苦しむ。どう生きていようと人は無数の苦しみに出会います。

その苦しみを避けようと工夫するのが智慧です。工夫や努力がないと、この苦しみはいくらでも増えていきます。

外からやってくる多くの苦しみは、人間の予想を超えています。

たとえば、優れたヒット商品を開発した会社でも、経済不況の大きな波がやってきたら太刀打ちできません。自分がガンにかかるのはどうにも予想できないことです。竜巻で家が飛ばされるとしても、それを予想して食い止めることなどできません。

予想を超えてやってくる苦しみは、「仕方ないな」と諦《あきら》めるしかありません。このような苦しみを避けようと人は工夫しますが、一〇〇パーセント安全な環境は誰にもつくれないのです。

私たちは、生きていくことが苦であるにもかかわらず、「生き続けたい」という本能を持っています。

すなわち、「生き続けたい」とは、「苦しみ続けたい」ということと同じなのです。

しかし、私たちは「苦しい」とは言いたくないのですね。苦を認めたくない。

この矛盾した状態を仏教では「無明《むみょう》」と言います。無明とは真理がわからない状態、真理から離れている状態のことです。

苦が嫌だから、私たちは生きているのです。呼吸したり、ご飯を食べたり、座ったり、歩いたり、仕事をしたり、家事をしたり、勉強をしたり、スポーツをしたり、それらは一つひとつ苦しみから逃れるためにやっていることです。

この「苦を認めたくない」という心の状態を無明というのであれば、無明をなくすには、苦しみと向かい合って苦を認めるしかないのです。

運命という考え方は間違っている

〝運命〟についてどうとらえればいいのかと、ある人から聞かれました。

仏教では、運命というのは使ってはいけない言葉であり、間違った概念であると考えています。

たとえば、仏教には因果という考え方があります。すべてのものには原因があって結果がある。件《くだん》の人は、

「これこそ運命ではないでしょうか？」

と聞いてきたのです。

たしかに過去の行為がある程度、将来の生き方のパターンを決めるというのは事実です。

でも、仏教では、それを運命という決定的で取り換えのきかないものと考えるのは邪見だとするのです。

たとえば、どんな赤ん坊でも自分の性格を持って生まれてきます。よく泣く子もいれば、あまり泣かない子もいる。おとなしい子もいれば、おしゃべりで活発な子もいる。

これは先祖や親から引き継いだ遺伝的な表現パターンだとされています。仏教では人の基本的な性格は、過去世《かこぜ》の〝業《ごう》〟によるのだと説明するのです。しかし、それも運命ではないのです。パソコンでいえば、パソコンのシステム全体を管理する基本的なOSみたいなものです。しかし、OSは私たちにはいじれません。

私たちが使えるのはOSの上に載せているエクセルやワードなどのアプリケーション・ソフト〟だけです。

仏教では、生きている間に、このアプリケーション・ソフトの使い方を学びなさい、OSのことは気にするなと教えます。

ウィンドウズが今一つ気に入らないからとマックを買っても、マックにもOSがあるわけです。そこにまた何かのアプリケーション・ソフトを載せて使わないといけない。だから、それぞれのソフトの使い方を知っておけば、パソコンがウィンドウズであろうとマックであろうと関係ありません。

必要なアプリケーションを入れて、それを上手に使って楽に金を儲《もう》けて豊かになる人もいるし、時間を無駄にしてしまうゲームしかできない人もいるのです。

問題はパソコンのＯＳにあるわけではないのです。パソコンをどの程度使う能力があるかによって人生は決まります。

かりに能力が未熟であっても、アプリケーションを入れ替えることで補うことができます。ＯＳはそのことに対して邪魔をしません。

われわれの人生に関わる業もＯＳのようなもので、業は人生にそれほど影響しません。あくまでアプリケーション・ソフトの使い方、すなわち自分がどのように生きるかという工夫によって、人生はどのようにでも変わるのです。

たとえば、努力しているにもかかわらず不幸になる人がいたとしましょう。そうすると、つい、これが私の運命や業だと、勘違いしてしまうのです。

しかし、それ以前にその人の生き方に問題があるはずです。考え方に問題があるはずです。そこは変えられます。業は邪魔しません。

ただ、業は人生の基本となるOSなので、人の行為とその結果にまったく影響を与えないとは言い切れません。たとえて言えば、ウィンドウズ用のアプリケーションはマックのパソコンでは受け入れられないようなものです。ですから、やりたいことがあっても、ある人にとってはそれができないこともあるわけです。しかしそれを運命と言うのは勘違いです。

パソコンの例で見ると、アプリケーション・ソフトをいじることはわれわれにとって自由です。能力さえあれば、自分でソフトをつくることもできるのです。

しかし、基本のOSはいじれないのです。その中がどうなっているか、普通の人にはわからないのです。

人生における業というOSも、私たちにはどうなっているのかわかりません。それにこちらが管理されているということが微妙にわかるだけです。

ものごとを具体的に、客観的に見ようとしない人々は、迷信に走り出します。人の運命は神が定めているといった何の根拠もない話をしたりするのです。

パソコンのＯＳをつくる人や組織はありますが、生命の業というＯＳをつくる神や神々のグループは存在しないのです。たとえ神が存在すると仮定しても、その存在も人間の業というＯＳによって管理されているにすぎません。

業も最終的にはわれわれの行為によってできあがるものです。

無知で感情的に生きる人々は自分の業を悪いほうへ変えています。ただ、智慧を存分に活かすことによって、業は変えることもできるのです。

定まった運命があるというのは錯覚なのです。決まりきった運命などどこにもないのです。

人生の意味を問うことに意味はない

私たちは自分がやっていることについていちいち意味を考えていると、まったく行動がとれなくなります。

たとえば、

「学校に行く意味は何ですか？」

と聞く人がいるとします。

それに対しては、

「勉強するために行く」

と答えるのがふつうです。あまり考えるまでもなく出てくる素直な答え方です。

それを「将来、いい仕事を見つけるためです」「幸福になるためです」「将来の人生を安定させるためです」などなど、長い時間をかけて答えを見出《みいだ》すと頭が混乱してきます。

なぜならば、学校で勉強したからといって、将来いい仕事につけるとか、幸せになるという保証はないからです。しかし、単純に「勉強するために行く」と言ったならば、将来に対する期待ではなく、現在の話です。それは何の矛盾もなく成り立ちます。

われわれの行為の目的が絶えず目の前の現実にあるのならば、気が楽になります。

でも、「学校に行って勉強して、将来、大成功を収めます」と言うと、勉強する現在と目的に達する将来の間には長い時間が横たわることになります。

長い時間を要する目的は、曖昧《あいまい》です。達しない可能性が大きいのです。たとえばお腹《なか》が空いているからご飯を食べる、という人の目的は簡単に達せられます。健康で長生きしたいからご飯を食べる、と言ったら、それは願望で終わる可能性もあります。達しない可能性も、まったく反対の結果になる可能性もあります。われわれはやっている行為の意味はあまりややこしく考えないほうがよいのです。最終的には混乱することになります。

ですから、「何で学校に行くの？」という問いに対しては、せいぜい「勉強するため」と答えるにとどめておくぐらいでいいのです。それ以上に意味を探っていくと、無意味な妄想や叶わない目的にとらわれてしまいます。


真面目な人は、意味を求めすぎるという過ちを簡単に犯してしまいます。

一生懸命何かをやっても面白くないなと思ったときは、暗闇《くらやみ》で手探りをしているような気分になります。真面目な人は焦って、「これではいけない、何か意味を見出さなくてはいけない」と思うのです。

つまり意味を求めたくなるのは、不安な気分に陥ったときなのです。しっかりつかまれるものが何か欲しいという気持ちが出てきたとき意味を求め出すのです。

意味を求めがちな人は、意味を求めている瞬間、自分は何かにつまずいているんだということに気づくといいでしょう。つまずいたから、立ち止まっていろいろ考えすぎてしまうのだ、と気づくことです。


生きるとは、そもそもたいしたことではありません。

食べてトイレに行って、お風呂に入って寝て、会社へ仕事に行ったり家事をしたりする。毎日、毎日、その繰り返しです。それ以上のものはない。

私たちはそれをただ何も考えないで、こなしていくだけなのです。

朝、目が覚めたことに「わぁ、すごい！」、朝食にパンを食べてコーヒーを飲んで「わぁ、感動した！」、トイレに行って「すごいことをやってるなあ〜」とはならないのです。

私たちは、そんなふうに毎日、つまらないことばかりやっているのです。
人生とはそんなものです。そうこうしているうちに、やむをえず年をとり、やむをえず衰え、やむをえず能力が低下する。やがて自分の体を自分で管理できなくなり、最後は死ぬ。

こうしたことが自分の希望とは無関係に次々と起こるのです。自分の希望でやっていることはいたって単純でつまらないことだらけ。コーヒーを飲みたいとかトイレに行きたいとか、他人に自慢できるようなものはほとんどありません。

私たちが日々、何分単位かでやっていることには、一つひとつ小さな意味や目的があるだけです。そこに深遠なる大きな意味や目的は何もありません。

つまり、一個一個の行動に大した意味がなければ、それを全部まとめても大した意味にはならないということです。

私たちは人生を大げさにとらえすぎています。自分の人生を非常に意味のあるものだと考えすぎなのです。大げさにとらえて、いちいち意味を探っていこうとするから、不安に陥ったり悩んだりするのです。

ですから、**「人生の意味とは何ですか？」という質問は、そもそも質問自体が間違っているのです。**

正しい質問にはそれにふさわしい正しい答えがありますが、はなから質問が間違っていたら、まともな答えなど出るはずがないのです。

たとえば、「人間の尻尾はどのくらいの長さなのか？」という類《たぐい》の前提が間違った質問には答えようがないでしょう？　それと同じなのです。

人生は尊いものではない

「人生を紙コップだと思ってください」

私は説法するとき、そんなふうに言うことがあります。

べつに紙コップでなくても、割り箸《ばし》でも構わないのですが、

「人生にあまり価値を求めすぎてはいけないよ」

という意味です。

紙コップでも割り箸でもいったん使われると、それで終わり。人が使った紙コップや割り箸は、誰も使おうとはしません。一回使われたら、価値がなくなってゴミ箱に捨てられてしまいます。

私は、人生もそう見るべきだと思うのです。


人生を尊いものだと思うと、生きることはややこしくなります。「尊い」という思いが、人生の足かせになってしまいます。

それは、紙コップに金の糸を巻きつけたり、割り箸にダイヤをつけて飾ったりするようなものです。そんなことをしたら使いにくくてしかたないし、また格好も悪い。

人生は尊いものと思うと、そんな滑稽《こっけい》なことになってしまうのです。

もっとも、たいした価値のない割り箸にも、しっかりとした〝使い方〟があります。割り箸を真ん中から折ってしまったら、割り箸としての仕事ができなくなってしまいます。

ですから、割り箸を割るときにも、割り箸にきちんと仕事をしてもらうように、ちょっと気をつける必要があるのです。人生も同じです。ちゃんと人生をやりくりしていくにはちょっとだけ気をつければいいのです。

人生を尊いと勘違いしている人が、つい忘れてしまう事実があります。人間は弱く、間違ったことばかりしたり考えたりして生きています。人間は自然の法則に外れたおかしな行動ばかりしようとするので、困った存在なのです。何の根拠もなく、命は尊いと言う人々は、その当たり前の現実をちゃんと見ようとしないのです。

社会的に成功して高く評価される人もいます。しかし、どんな人間であろうと、宇宙という次元から見ると、一人ひとりの人間というのは大した存在ではありません。何かを失敗したからといって、世界が滅びてしまうわけではありません。生命の根本から考えると、一個人の失敗は痛くも痒《かゆ》くもないものです。失敗したところで世界は何も変わりません。

宇宙という次元において、自分が取るに足りない存在だとわかると、失敗に足を引っ張られることはなくなります。悔しがったり落ち込んだりするのは、自分をかなり高く評価しているからなのです。

また、何かをして成功したとしましょう。そこで舞い上がって驕《おご》ってしまうことがあります。そうなると自分のことを正しく見られなくなり、今度は失敗する可能性が高まります。でも、それを「たまたま」と思っていれば、心は健全な状態を保っていられます。

失敗しようと成功しようと、そう思えるくらいの冷静さがあれば、ストレスなどたまらないでしょう。

やることは精一杯努力して行うものです。その上で成功しようと失敗しようと、それほど気にする必要はないのです。成功を期待して失望することもなく、失敗を恐れて挑戦しない臆病《おくびょう》な人間になることもなく、日々、自分がやらなくてはいけないことを精一杯努力する。もっと頑張ればよかった、という後悔の念が起きないように気をつける。努力がどんな結果をもたらすかは、誰にも知るすべはないのです。

社会的に批判される行為が、やがて高く評価されることもある。世間でちやほやされている人が、やがて非難されることもある。英雄と称賛された人が時代が変わって犯罪者扱いされることもある。この世は無常なのです。価値観さえも一定しないのです。

私たちにできることは、自分がやらなくてはいけないことを、精一杯、努力することです。失敗か、成功か、という先のことを気にして、人生にブレーキをかけてはならないのです。

行為には結果があります。その結果を社会が好き勝手に成功と評することもあるし、反対に失敗と評することもあるのです。評価して価値に序列をつけることは、世界の気まぐれにまかせましょう。


人は生きているといろいろなものを背負い込みます。

年齢を重ねるほど、背負う荷物は増えていきます。荷物が重くなってくると、自由に動けないし、心も柔らかさを失っていきます。

しかしながら、人生は本来私たちが思っているほど大そうなものでも尊いものでもないのです。そんな荷物はどんどん捨てていくべきです。

要らないものはどんどん捨てる。会社の立場や名誉といったものへのこだわりも捨てる。

心がとらわれている不安や悩みも捨てる。

背負う荷物がどんどん増えても、人間の体は年をとって最後は滅びるのです。最後には嫌でも全部を捨てることになります。

どうせ全部捨てるのですから、要らないものはできるだけ前もってどんどん捨てていきましょう。そうした思いっきりのよさを持つために、「人生は紙コップや割り箸のようなもの」というフレーズを憶《おぼ》えておいてほしいのです。

人生は小さな「答え」があればいい

最近の人はものの考え方や行動パターンが、マニュアル的になっているとよく言われます。

「仕事で成功する●●の法則」とか「頭が良くなる▲▲の方法」だとか、こうしたハウツー本も大流行《おおはや》りです。

会社に入ってくる最近の新入社員は、上司から仕事の指示を受けたら、ちょっとした箇単なことでもいちいち手順や細かい内容を確認してくることが多いそうです。

そういう人は、仕事のやり方には確固たる〝正解〟があって、それを早く見つけることが仕事のコツだと思い込んでいるところがあります。

仕事だけではありません。人生にも何かはっきりした〝答え〟があると思っている人も少なくないようです。そんな人はこれからもますます増えていくに違いありません。


仕事や人生は、学校の勉強のように何か正解が必ずあるものではありません。その都度、答えは自分で探すものだし、その答えも一つだけでなく無数になる可能性があります。

マニュアル感覚の強い人はそのことが不安で、いっそうマニュアル的な答えを求めてしまうのかもしれません。


身もふたもない言い方ですが、人生は答えがあるどころか、先述したようにまったく無意味です。最後はあっけなく死んでしまいます。

無意味なら生きている必要もないじゃないかと思われるかもしれませんが、では、そう

疑問を抱いた人は、仕事や人生において、たとえば一日に何十回と立ち止まって、

「今やっている仕事の意味は何だろう？　人生の意味は何なのか？」

と問いかけたりしているのでしょうか。

そんなことは決してないはずです。

たいていの時間は何も考えないで、ただ仕事をこなし、ただ日常の雑事に追われ、人生の歩みを進めているはずです。

私はそれでいいと思います。


人は人生において、いつも何かをしなくてはいけないのです。

部屋を掃除して、書類を読んで、食事に行って、友人に電話して……と、やらなければいけないことが分刻みで出てくる。

「何もやりたくない」と言っても、トイレには行かなければいけないし、食事もしないといけない。生活必需品も買いにいかないといけない。お風呂に入って体もきれいにしなくてはいけない。歯も磨かなくてはいけない。それに呼吸だってしていないと死んでしまう。

生きている限り、しなければいけないことは次から次へとやってくる。そうやって次々と目の前に現れるやるべきことを、いちいち考えて選択している暇なんかない。

そうした人生における答えが仮にあるとすれば何でしょうか。

たとえば、喉《のど》が渇いたら水を飲む。それが答えです。水を飲めば一件落着。答えなんてそんな小さなものでいい。明日のことなどわからないのだから、大きな答えなど求めたって意味がないのです。

喉を潤おしたら次にまたやらなければいけないことが必ず出てくる。生きるということは、その果てしない連続です。

目の前のことをもくもくと片付けひたすら右から左へと流していく。答えを探す以前に、人が日常生きることに選択肢はないのです。

人生の答えらしきものを求めてどうのこうのと言っているうちは、その人は十分に生きされていないのでしょうね。

答えを探し求めている間、きっとその人は人生に何の充実感も感じることがないでしょう。そんなものにとらわれている限り、あっという間に人生の時間は流れ、あっけなく老いて死ぬばかりなのです。

生きる不安は消せるものなのか?

「不安でしょうがないんですけど……」

そんな心配を私に相談してくる人は後を絶ちません。

心というのは絶えず不安がつきものなのでしょうか。

不安がなくなった状態を人は果たして実現できるものなのでしょうか。

それを探るには、まず不安という心理がどこからくるのかを見ていく必要があります。

不安は、「期待した通りにならないのでは?」という気持ちから生じます。あるいは、「今ある状態が変化して何か良くないことが起きたりするのでは?」という気持ちからも起こります。

要は現実が変わったら困る、期待していた状況が変わったら困る。そんなところから不安は出てくるわけです。

しかし、そもそも現実が変わらないなんてことはあるのでしょうか。


すべてのものは、刻一刻と変わり続けています。永遠に変わらないものなど、この世に何一つとしてありません。

病気になる不安、老いる不安、死ぬ不安、これは人間が抱くもっとも代表的な不安ですが、病気や老い、死は生きている限り免れ得るものではありません。

人は目の前のこの現実に絶えず期待や希望を抱いていますから、その期待や希望の数だけ不安もあるわけです。

仕事を失う不安、給料が下がる不安、家庭がこわれる不安、恋人を失う不安……、不安は後から後から限りなく湧いてきて、ある不安がなくなってもすぐ別の不安が顔をのぞかせます。

「不安でしょうがないんですけど……」と言ってくる人は次に必ず、

「不安は消せますか？」

と聞いてきます。

でも、なぜ不安を消そうとするのでしょう。

不安を消そうという努力は不安を追いかけているようなものです。不安は追いかければどんどん大きくなります。

とくに現代人は考えることの正しさを強く信じていますから、よく考えることができるならば、どんなものでもコントロールできると過信しているところがあります。でも、それはとんでもない思い違いです。


不安というのは、仏教の見地からすれば病気なのです。

だけれども、この病気は正面から治療してはいけないのです。

正面から治そうとすれば、それは、不安を消そうという努力になってしまいます。

不安を消そうとする努力は結果的に不安をさらに大きくします。大きくなるだけでなく、新たな不安も連鎖して出てきます。

ですから、不安という病気は決して治そうと思ってはいけないのです。

不安は放っておけばいい

ではブッダはどう言っているか。ブッダは「現実が変わっていくことは放っておけ」と言います。

この「放っておけ」という精神は、「無関心でいればいい」ということとはまったく違います。無関心を超えたもっと高いレベルからのアプローチです。

「現実が変わってほしくない」という気持ちに不安の原因があるのだから、現実が変わっていくことを自然な姿として認めればいい、という教えを「放っておく」という言い方で表しているのです。

万物が変化することは宇宙の法則です。その変化の流れに身をゆだねればいいというこ

とです。

宇宙の法則、自然の法則には誰も逆らえません。


そのように見ていくと、不安を消そうとする努力は、変化していく現実を変えないようにする努力とも言えます。

「この世界が今のままで、ずっと変わりませんように……」

そう願うのであれば、全能者であるはずのキリスト教の神さまに頼めばいいのです。

人間の願いは勝手なものです。いいことは変わってほしくない、けれども悪いことは変わってほしいというのが人間です。

赤ちゃんを抱っこしているお母さんが、

「この子がこのままずっと可愛いままでいてくれたら……」

と願うままに現実が続くとしたら、その子はいったいどうなるでしょうか。

変化をどんなに嫌う人でも、病気になった自分の子どもを「変わらないでほしい」と願うことは決してありません。

変わってほしいとか、変わらないでほしいとか、人間はつくづく勝手な生き物です。そんな勝手さゆえに、現実の変化に人間は振り回されてしまうのです。

いいことも、悪いことも変わっていくのは当たり前。空を見上げて、雲や太陽の動きを見ればそんなことはすぐにわかります。

不安が生じても、それをどうこうしようと思わないで現実の流れに身も心も任す。そうやって放っておけば、今この瞬間に感じている不安は自然と消えてなくなるはずです。

第二章 「諦める力」で人は成長する

完成は瞬間においてしかない

人は仕事や勉強をする際、必ず〝完成〟という目標をイメージします。料理、掃除、洗濯といった家事も、それをする人の頭の中にはいつも完成のイメージがあるはずです。すなわち人は何かを行うとき、いつも目標があってそれに向けて完成をめざします。

しかし、完成という状態は、精神にとって何を意味するのでしょうか。

その都度、その都度、たしかに完成というものはあるのでしょうが、この完成にこだわりすぎると、人は精神的な病にかかってしまいます。

本来、人間は不完全なものです。生まれてから死ぬまでずっと不完全です。だからこそ余計に完成ということにこだわってしまうのかもしれません。

仕事で、あるプロジェクトが完成したとします。しかし、仕上がったそのプロジェクトを詳しく見ていくと、足りないものや欠点がいろいろと見えてくる。そういう意味では、ほんとうに完成した状態というのはありえないわけです。

つまり、完成は人の頭の中にある観念にすぎない。

結婚式で華やかに着飾ったドレスを披露している花嫁は、女性の人生においてもっとも完成した姿を見せていると言えます。

でも、披露宴を終えてホテルの部屋で普段着姿に戻ってくつろいでいる姿は、先ほどまでの完成した花嫁姿とはまったく違う。ある場所では完成したものが、別の場所では未完成な雰囲気と装いになっている。

お客さんが家に来たときに紅茶を出すとします。そのとき、ティーカップだけだと未完成な状態です。ソーサーの上に載っていてはじめて完成と言えます。でも人によっては、さらにお砂糖とレモンとティースプーンがついていないと完成したと感じません。

つまり、完成か、未完成かは、人の主観によって変わってくるわけです。

完成したと思っても次の瞬間には未完成になったり、見方を変えたりすることで完成したものが未完成に見えたりする。その繰り返しです。

ポップス界の帝王と言われたマイケル・ジャクソンが亡くなったとき、テレビで彼の特集番組を見ました。私生活はトラブルだらけだったようです。

あれだけのお金をつかんだ世界的なスターともなれば、いろいろな人が寄ってきて巧みなことを言ってお金を騙《だま》し取ろうとする。どんどん人間不信に陥って、親や兄弟さえも心から信頼できない。心を開ける相手は、自分の子どもと飼っているチンパンジーぐらいだったかもしれません。

幼少時に受けた心の傷も深かったでしょう。それが世間でいうところの奇行を引き起こす原因にもなったのかもしれません。

見ていて哀れさを覚えるほど、マイケル・ジャクソンの生身の姿は未完成です。ところが、どうでしょう。いったん、アーティストとしてステージに立つと、寸分の隙《すき》もないほど完成した世界を私たちに見せてくれます。

日常生活では未完成でも、アーティストとしてあれだけ完成しているのだから、それで十分じゃないかと私は思いました。

マイケルが亡くなる前は、世間は彼の変わった言動を槍玉《やりだま》にあげて批判がましく見ていましたが、亡くなってからは素直にアーティストとして素晴らしく完成した姿だけを見て賞賛しています。

なぜ生前から、人々はアーティストとしての完成した姿にもっと目を向けなかったのでしょうか。未完成な日常の姿が見えても、「マイケルはアーティストとして素晴らしい。それでいいじゃないか」と、なぜ思わなかったのでしょうか。

どんな人でも未完成なダメな部分と完成を感じさせるいい部分がある。それを交互に繰り返して生きていくのです。

完成だと思ったものが、その次には未完成なものになったり、未完成なものがふとした瞬間に完成した姿に変わったり。

ですから、あまり、完成・未完成ということに観念的に、とらわれる必要はないのです。

観念的に完成・未完成にとらわれた人は往々にして完全主義になります。完全主義というのはただの心の病気にすぎません。

私たちにとって大切なことは、瞬間、瞬間を生きていくことです。

それが私たちのもっとも大きな仕事です。仕事とは、会社で給料をもらってすることだけではないのです。

家を掃除したり、勉強したり、友だちとおしゃべりしたり、食事をしたり、そうやって生きていくことすべてが仕事なのです。

私たちにとってほんとうに重要なのは、刻々と変化する目の前のことに純粋に全力で取り組み、人生という仕事をその都度、その都度、完成させることなのです。

「諦める力」が幸福をもたらす

「諦める」ことは良くないことだと思われています。

人間の社会では、諦めることは「おれってダメな人間なんだ」「私は負け犬なんだ」と自分で自分に烙印《らくいん》を押すことになるのです。

ところが、仏教ではむしろ諦めることを大いに推奨しています。諦めるという言葉は実に深い意味を持っているのです。

小さなころから、親や先生から「諦めてはいけない」と言われ続けてきた人にとって、「諦める」ことはかなり勇気と覚悟がいるように思えるかもしれません。

しかし、実際はどんな人でも、絶えず諦めながら生きているのです。

「諦める」を違う言葉で言えば、「捨てる」という言葉にもなります。人生は実にさまざまなものを捨てることで成り立っています。

たとえば、赤ん坊のときに使う哺乳瓶やガラガラなどのオモチャは数年もすれば捨てられます。小学生になれば幼稚園のときに使っていた服や三輪車は捨てられる。中学生になれば、小学生のときに使っていた本や勉強道具が捨てられ、というふうに成長するにつれてさまざまなものを人は捨てていきます。

捨てるものはモノだけではありません。精神的なものだってそうです。考え方もいろいろな体験を積む中でどんどん更新されます。古い精神を捨てていくことで子どもは成長していくのです。

子どもは、捨てないと前へ進めないし、成長しないわけです。

大人だってそうです。仕事でも生活でも、いろいろなものを捨てて諦めないと前へ行けません。

自然にいつのまにか捨てているものもありますが、意識的に諦めて捨てないといけないこともたくさんあります。

そのときに悲しんだり悩んだりしますが、諦めが思いもよらぬ新しい展開をもたらすこともあるのです。

たとえば、お金を五〇万円貯めようと目標を立てて、アルバイトをして二〇万円ほど貯めた学生がいたとします。彼は友だちからハワイ旅行に誘われます。彼の目標は五〇万円を貯金することだったので、当然、迷います。そこで最初の目標にとらわれたら、ハワイ旅行には行けません。反対に、貯金という目標を諦めてハワイ旅行に行ったら、そこで日本ではできない貴重な体験をして「貯金をやめて旅行に来てほんとによかった」と思うかもしれない。そうであれば、結果的には五〇万円の貯金を諦めたことは、正解だったということになるわけです。何かを諦めないと、何かを得ることはできないのです。

これは些細《ささい》な例ですが、要は諦めることは決して何かを失うということではないのです。人生は諦めを重ねて成長するものです。諦めることで、違った運に巡り合ったり、目に見えない精神的な財産を得たりすることはいくらでもあるのです。

みなさんが諦めることに抵抗があるのは、何よりも諦めは「負け」という気持ちが強いからではないでしょうか。

「諦めるな、頑張れ」という精神が世間では美徳とされているので、どうしても諦めてしまうことは敗北者のイメージなのです。

でも、その考え方は根本からあらためたほうがいいと思います。

諦めることのほうが、よほど勇気もいるし、ポジティブなことです。

異性に対して諦めないでつきまとう人をストーカーと言います。ストーカーは当然格好いいものではありません。格好悪いどころか明らかに犯罪です。

ところが、「あの人ってストーカーよ。気持ち悪いわ〜」と他人のことを言っている人も、別のところでストーカーだったりするのです。

仕事や生活の場面で、目標なり金銭なりさまざまなことを諦めきれずしがみついて頑張り続ける人がいます。それだって諦めないという執念においては、ストーカー行為に似たことをやっているのです。

みなさんは、仕事や家族や窮屈な信念に執着して、ある種のストーカーになっていることに気づいていないのです。

諦められず一生懸命になっていることに、「あなた、ストーカーやっていますね」と言われたら嫌でしょう。ストーカーと言われなくても、諦めないことは格好悪いことでもあるのです。

先に言ったように、仏教では「諦める」は大事な言葉です。

「諦める訓練を究極まで積んで人は解脱《げだつ》する」と教えられています。

「諦める」ことはネガティブでもなんでもありません。それどころか、精神を豊かにするひじょうに前向きな態度なのです。

諦めるということを、決してマイナスにとらえてはいけないのです。

「自分さがし」は最後に自分を見失う

「自分さがし」をしているという人に最近、出会うことが多くなりました。しかし、よくよく考えてみると自分をさがすというのはかなり不思議なことです。

今ここにいるあなたは自分でなくて、何なのでしょう?

どんな姿をしていようと自分は自分です。どんなにダメでもだらしなくても、まぎれもなく自分です。

そんな自分から目をそらしても何も生まれてはきません。**今ここにいる自分とは別のと**

ころに、違う自分がいるなんて幻想にすぎないのです。

自分さがしをしがちな人は、そもそも我が強いのです。我が強いと、外の世界を無視して自分の内側ばかりを向いてものごとを考えがちです。

そういう人は、自分はこうしたい、こういうものが欲しい、こうなりたいと、自分のことを盛んに主張します。だから必然的に攻撃的になってしまう。そうなると周囲と絶えずぶつかるし、結果的には自分が壊れ、潰《つぶ》れていきます。

自分さがしというものは、実は、そうやって壊れかけた自分を認めたくないから、そこから目をそらす手段として出てくるのだと思います。

反対に外の世界ばかり見る外向きの人はどうでしょうか。

そういう人は、外の世界に合わせることにとらわれているために、自分をないがしろにして生きているのです。そうなると、ちゃんと自分が育《はぐく》まれないわけです。

内向きの人は自分が潰れるし、外向きの人ははじめから自分を無視している。両者とも、自分というものが成り立たなくなっているのです。そうして自分を見失う、という結果になるのです。

たとえばある人がラーメン屋を始めたとします。たくさんのお客さんに食べてもらうためには、多くの人から美味《おい》しいと思ってもらえるラーメンをつくらないといけない。そのためには、いい材料を選ばないといけないし、味に工夫を凝らさないといけない。美味しいラーメンを生み出すまでは試行錯誤の連続です。

そうやって完成させたラーメンを今度はお客さんに食べてもらいます。

そこでお客さんから、

「ああ、美味しかった〜。また来ますね」

と言われたら嬉《うれ》しくなります。

「このお店に来ると、気分が落ち着くんですよ」

と言われたら、この上ない充実感を覚えるかもしれません。

そうやってラーメン屋さんとお客さんとの間で会話のキャッチボールがされることで、ラーメン屋さんは自分というものを実感することができるのです。

一方、ラーメン屋さんが客にどう思われるかということを気にしないで、自分が美味しいと信じるラーメンだけをかたくなにつくるとどうでしょう。その人は自分の存在を強くアピールしたい一心です。

しかし、そうやってつくったラーメンがまったく不評だったとしましょう。客は来ず、店はガラガラになる。それでもその人は、自分の仕事に誇りを持てるでしょうか？　生きることに充実感を得られるでしょうか？

つまり、自分という存在の価値は、自分一人だけでは成り立たないのです。自分以外の人と、言葉や体を使っていろいろコミュニケーションをすることで、自分という存在が浮き上がってくる。

もし世界に人間が一人しかいないと仮定してみましょう。その人は自分を〝私〟と強く意識することができるでしょうか。世界にたった一人で生きている人は将来の夢もなく、したがって目標や計画を立てる必要もなくなってしまうことでしょう。目標や計画というものは仕事や社会生活の中で生まれてくるものだからです。

その必要がなくなってしまった人は、ただ自分の身を守り、飢えを満たすために食べ、そうやって生き続けるだけで終わるのです。

自分という存在は、他人の存在があってはじめて成り立つわけです。

ホログラムという三次元立体映像があります。この立体映像は、空中で見えます。しかし触ってみると、何もないのです。映像そのものを成り立たせる条件が少し変わっただけで、瞬時に消えてしまいます。自分という存在の成り立ちはこのホログラムに似ています。あるようでないものだし、ないようであるものなのです。

そう考えていくと、なぜわざわざ自分さがしをしなければいけないのか、不思議に思えてきます。すでにあなたは家庭や職場で、いろいろな人との交わりの中で自分というものをつくり上げて、自分を生きているのです。

「自分さがし」に悩んでいる人を見ると、

「この瞬間にあなたは自分という存在を感じることはできないのですか？」

と聞きたくなります。

そんな現実離れした思考を続けていると、「自分を守る」という人生でもっとも大事なことがおろそかになってしまいます。

それに気づかないために、さまざまな問題が次々と起きてくるのです。そして問題が起きるとますます自分を見失って、あてどのない自分さがしにはまっていくことになるのです。

生きることに本来自由はない

「毎日の生活に自由がありません。もっと自由になるにはどうすればいいんでしょう？」

仕事も私生活も窮屈でしかたがない、と嘆く人から、そんな質問をされることがあります。

生きているといろいろなしがらみが生まれます。

仕事の人間関係、家族との関係、友だちとの関係、そうしたさまざまな関係がうまくいかなくて、そこから逃げ出したいという衝動を抱えている人は少なくないでしょう。

不自由さを感じるのは、人間関係のしがらみだけではありません。

仕事が忙しくて時間的な余裕がないこともまた、自由が感じられなくなる大きな理由になります。

このビジネス社会においては、スピードと効率が重視されます。

しかしスピーディーに効率的に仕事をやったからといって、その分、時間が余ってのんびりするわけではありません。仕事はひっきりなしに次から次へとやってきます。

それをこなしていかなくては、会社勤めはできないし、信頼を失ってたちまち仕事がなくなってしまうかもしれません。

「ああ、忙しい～、こんな自由のない人生は嫌だ……」

そのうちそう思うようになってきます。

しかしながら、そもそも本当の自由なんて人にはないのです。

なぜなら、この世のことはすべて因縁で成り立っているからです。一つとして例外はありません。

人生はたとえれば蠟燭《ろうそく》の炎のようなものです。

蠟燭の炎は、炎だけで成り立つでしょうか。そんなことはありません。

炎が触れる空気中の酸素濃度や湿度が違えば、炎の勢いも違ってきます。あるいは蠟の溶け具合で炎の大きさは変わります。蠟がなくなれば、炎もなくなります。

もしも炎が「空気も蠟も関係なく自由になりたい」と思っても、炎が単独で炎として成り立つことはありえません。炎が炎であり続けるためには、さまざまな因縁が支え続けなければいけないのです。その意味で炎に自由はないのです。

社会のことをいつも批判的に見て意見を述べる人々がいます。その人たちは、「私は特定の思想や主義、信念にとらわれない自由な立場から、何事も自由に考えています」と言います。

そこで試しに、「批判的に見ることをやめて、今度は肯定的に評価してみてください」と頼んだとしましょう。ところが、それは見事にできないのです。その人の思考に、あるパターンがこびりついているのです。ものごとを見る決まった角度ができてしまっているのです。思考にさえも、自由がないのです。

中国に生まれ育った人は、中国社会に適した思考をします。アメリカ人は、アメリカの価値観にとらわれているのです。アメリカ人の思想家に、「試しに中国人のようにものごとを考えてみてください」と頼んでも無理です。何にもとらわれない、何のバイアスも入らない、何の価値観も入れない、客観的な思考なんぞ人間にはできないのです。ですから、人には「考える自由」さえもほんとうはないのです。

ブッダはすべての束縛から離れて、解脱に達することで、究極的な自由に達するのだと教えます。

解脱に達した人にしか、当然、心の自由はありません。しかし、肉体についてはどうでしょうか？　肉体には自由がないのです。解脱に達した人も、社会の価値観に合わせて、体の維持管理をしなくてはいけないのです。解脱者も病気になったら医者のお世話にならなくてはいけないのです。つまり一〇〇パーセント完璧《かんぺき》な自由は、生きている人間には持ちえないのです。

自由がないと嘆いている人は、このように「本来、人は不自由な存在だ」と理解するしかないのです。諦めましょう。

ギブアンドレシーブで人間関係を回す

人間が持っている汚さを表す言葉として、「計算高い」という言い方があります。

たしかに「あの人は計算しているな」というのは褒め言葉ではありませんが、人として生きている限り、計算するのは当たり前のことです。

赤ん坊でも、泣けば親が自分の欲求を満たしてくれるという計算をして泣いたりします。赤ちゃんが計算高いなんて思いたくはないでしょう。でもそれは、赤ちゃんが無邪気で可愛いから、私たちはそのように思いたくないだけの話です。

もっと無邪気でいられたらいいのですが、実際私たちは起きている時間のほとんどを計算しながら過ごしています。

何の計算も働いていないように見えるとき、たとえば家でごろごろしているときなどでも私たちは計算をしています。そろそろお腹が空《す》いたからご飯をつくろうかとか、ちょっと部屋が汚れているから掃除しようかとか、五時から面白いテレビ番組があるから見なければとか、いろいろと考えたり計算したりしながらごろごろしているのです。

当たり前のことですが、人はこういう計算をしないで生きることはできないのです。

ただ、計算にも汚れた計算とそうでない計算があります。

汚れた計算が表れるのは、人間関係においてです。人を騙そうというのはその最たるものです。騙そうとはしないまでも、相手には何も与えず、自分が得ることばかり計算するのもきれいとは言えません。

よくギブアンドテイク（give and take）という言い方がありますが、相手を考えず自分が得することだけ考える人は、ギブ（give）がなくて、テイク（take）だけなのです。せめてギブアンドテイクならいいのですが、このギブアンドテイクもどちらかと言うと自分が得することに重点が置かれています。

なぜなら、ギブアンドテイクを発想するときは、最終的に相手から奪い取る（take）ことを目標にしているからです。

そういう意味で、これもあまりきれいな計算とは言えません。

私は、ギブアンドテイク（give and take）でなく、ギブアンドレシーブ（give and receive）の発想でいけばいいと思います。

たとえば、家庭で旦那さんが奥さんに給料を渡す。奥さんはそれを管理して、その中の一部を食費にあててご飯をつくる、掃除をして家を気持ちよく過ごせる場所にする、こうした流れは、ギブアンドテイクではなくて、ギブアンドレシーブという感覚から生まれてくるものです。

挨拶《あいさつ》することだって、ギブです。だから先に挨拶をすることです。挨拶されたら、自然と相手も挨拶を返します。テイクの感覚で、相手に挨拶させるために挨拶をすることは、気持ちいいものではありません。

挨拶をギブしたら、相手はそれをレシーブして返してくれるわけです。そこに感謝の気持ちも生まれてくる。ギブアンドレシーブの関係には、余計な計算が入ってきません。

そんなギブアンドレシーブの感覚で人間関係を築いていければ、きっと気持ちよく生きていけるはずです。**ギブアンドテイクは与えて取る、ギブアンドレシーブは与えて受ける。取るか、受けるかで人生における幸福感は、かなり違ってくるはずです。**

スローライフでもファストライフでもない生き方がある

社会の変化が激しくなると、「こんなに変化のスピードが速いのはおかしいんじゃないか、人間性を失ってしまう……」と言ってスローライフを唱える人が出てきます。

しかし、先を急いでいるように見える社会に対して、反対に「急がない」という姿勢でいることは仏教では理解できない考え方なのです。
理解できないというより、けっこうそれは危うさを孕《はら》んでいます。簡単に分析して説明することができない深い問題です。

私は、めまぐるしいほど速い勢いで生きるのも間違っているし、それに反発してスローライフを選ぶことも正しくないと思います。速いのが悪ければ、遅いのも同様に悪いのです。

なぜ社会は速く動くようになったのでしょうか。効率を上げて、速くたくさん儲けて、楽にのんびり生きてみたい、とみんなが思ったのでしょうか。
今みたいに新幹線がない時代では、東京から大阪に行くのに汽車で一日かかっていました。ところが新幹線が登場し、今では東京から大阪までたった二時間四〇分で移動できます。東京で午前中仕事をしてから新幹線で大阪まで行き、その日のうちに大阪で商談をすることも可能です。昔なら移動にかけていた一日分が浮くわけですから、本来ならそこで一日のんびり過ごしたっていいはずです。でも、果たしてそうするでしょうか？　しないですね。

現代人は仕事をもっと速く、効率的にするために工夫に工夫を重ねています。しかし、いっこうに暇な時間は出現しないのです。

この社会には携帯電話、パソコン、家電など便利な道具が溢《あふ》れています。人間がつくる機械はすべて、時間を短縮する目的と仕事を楽にする目的でできているのです。

しかし、現実は楽になりません。むしろ、反対に仕事や日常生活はますます複雑になり、忙しくなる一方です。


では昔はどうだったでしょうか。現代と比較すると、何でも仕事や生活のペースはスローでした。

昔の人はのんびり生きていたということでしょうか？ 生き方がスローライフだったということでしょうか？ いいえ、そうは言えないと思います。時間的な余裕だとか、忙しさという点では現代と変わらないと思います。

今、炊飯器なら一時間もかからずにご飯が炊けます。米も無洗米を使えば研ぐ時間も浮かせます。でも、その分、私たちは別な仕事があるので忙しいのです。昔の人は薪を割って、釜《かま》でご飯を炊かなくてはいけませんでした。それに、収穫した稲を脱穀する仕事もありました。そうとう時間がかかりました。結局は忙しかったのです。のんびりする暇などなかったのです。

お昼に奥様同士が集まって優雅にランチ、なんて暇はどこにもなかったでしょう。もっとも、優雅にランチしている奥様方が実際暇かというとそうではありません。

見ていると、家事以外にパートで小遣いを稼いだり、自分の趣味を追求したり、のべつまくなしに動き回っていてボーッとしている時間などありません。昔は家事に五時間かかったのが今では二時間でできるとすれば、余った三時間は別のことで忙しくなっているんですね。

要は、便利や効率を求めても、結局は忙しさという点では同じところをグルグル回っているだけなのです。急いで何かやろうという発想は、どこか間違っているのです。だからと言って、ゆっくりやりましょうというのも間違っている。

すべてのことには法則があります。社会を動かしているスピードも法則です。その時代、時代に合った固有のスピードを社会は持っています。それは地球の自転・公転と同じです。自転・公転を速めることも遅らせることもできません。

たとえば、呼吸には呼吸の法則があって、酸素がどのくらい体に必要かということを計算しながら、一定のリズムで息を吸って吐くことを繰り返します。息を速く吸い続けたり、逆に遅く吸い続けたりすることは、ともに酸欠を招くだけです。ですから、意識して速く吸う必要も、遅く吸う必要もありません。

社会にも法則があります。その法則は、その時代に合ったスピードを持っていて、私たちはそれに対して瞬間、瞬間にただ対応していくだけのことです。

そんな社会の法則を無視して、必要以上に速く何かをしようとか、遅くしようというのは、呼吸の例と同じく結果的に人間を壊すことになります。もっとも、今の社会に計画がたくさんありすぎて、必要以上に人々の生活がファストライフ化されてしまっている面があることは事実です。

しかしながら、人間の力ではしょせん、その法則には太刀打ちできません。法則に逆らおうとすることは、走っている電車を手で止めようとするのと同じようなもの。ひじょうに苦労した末に自分が潰れてしまいます。

ですから、法則を無視して速く生きるのも遅く生きるのも、ともに正しくないのです。ファストライフもスローライフも必要ない。ほんとうに必要なのはノーマルライフです。

ノーマルライフというのは、宇宙の法則に合わせたスピードで生きるということです。具体的に説明します。これは、〝今〟を生きることなのです。人生は今だとすると、今何をするべきかがすぐわかります。

そこで、「今という時間はどのくらいですか?」という質問を出すと、返ってくる答えは、みなバラバラになります。今という時間は一年くらいだと答える人もいれば、一ヵ月くらいだと言う人もいる。今は一日だと言う人もいれば、一時間と答える人もいる。

今という時間のとらえ方は、短いほうが賢いと思います。なぜならば、何をするべきか、ということが明確になるからです。

今は一年間だと思う人には、やることが大量にあるのです。自分にもわからないほどあるので落ち着きがなくなります。やるべきことをやらなかったり、忘れたり、後回しにしたり、手抜きをしたりするなど、たくさんの問題が起きます。何よりも、精神的に落ち着きがないということは、不幸なことです。

つまり、今を生きることは、ファストライフでもなく、スローライフでもなく、ノーマルライフなのです。今という時間が短くなればなるほど、成功する確率が高まります。仏教は今という時間が、「今という瞬間」になるようにと、心を成長させることを薦めています。**今という時間が瞬間になった人は、〝悟り〟にも達するのです。**

ノーマルライフという理想的な生き方

私たちが生きている社会は、将来こうしよう、ああしよう、という無数の計画を持ちすぎています。個人的にも仕事の目標がどうだ、家のローンがどうだといった人生設計がありすぎます。先ほども触れた〝今〟という時間があまりにも長くなっているのですね。

今を長くとらえすぎると、仕事や人生は空回りする部分が大きくなります。今をなるべく短い時間のスパンでとらえないと、どうしても観念的になって、その場所、その瞬間における必要な行動を起こせなくなるからです。そうなると仕事は遅くなるし、無駄な行動をいろいろすることになる。

今という時間はなるべく小さくするべきなのです。今という時間を小さくとらえて生きていくことがノーマルライフです。

「いい学校に入りたい」という学生が、数年後に自分がその学校に入って楽しい学生生活を送っている姿を頭の中でいつもイメージしていても仕方ないのです。学生がやることは一つです。現実に何をどう勉強するかだけ。

今この瞬間に何をするべきかをしっかりとらえていないと、観念的に学校に入ることばかり考えて、肝心の勉強をサボってしまいます。今を短く秒単位にして考えると、今やるべきことがはっきりします。選択に悩むことなどありえないと気付きます。

階段を上がっている人は、さらに上に行きたければ次のステップを踏むだけです。

階段を上がっている最中に居間へ行ってあれをしようとか考えると、階段を踏み外したりするかもしれません。その結果として、目的の部屋に入れなくなるのです。

目標や目的ばかりにとらわれて今という時間が膨らんでいる人は、階段を上がることが嫌になるのです。それで結果ばかりに気を取られて、仕事でも勉強でも苦行になってしまうのです。

目の前にある現実の今を忘れて先のことばかり考えていると、楽しさと無縁の人生になってしまいます。

ファストライフにしてもスローライフにしても結局ダメなのは、今という瞬間のとらえ方がおかしくなるからです。それゆえに、どちらもまわりとの間にいろいろな問題を起こします。今、この瞬間を生きるノーマルライフこそが、ほんとうはもっとも早く何でもできて効率的なのです。

ポジティブすぎると人は成長しない

ポジティブシンキングというものが流行っているせいか、ものごとを何でも肯定的に見ようという人が増えているような気がします。

その人にとって嫌なこと、苦手なこと、ダメなことでも、ポジティブに肯定してとらえてみよう。そうすれば、それまで見えなかった積極的な意味が見えてくるというのです。

しかし、何でも肯定して生きるなんてことがありえるのでしょうか？

ポジティブシンキングをやたら強調する人を見ると、

「嫌なもの、マイナスなものも全部肯定して生きている人って実際にいるのですか？」

と聞きたくなります。

反対に何でも否定して生きていける人はいるでしょうか？

何でも批判してケチをつけるという人もたまにいます。

では、その人に肯定しているものが何もないかというと、そんなことはありえません。まわりのものすべてが否定の対象であれば、その人は生きる意義や力を失ってしまうはずです。世の中のすべてを否定する人などありえない。裏を返せば、すべてを肯定する人もありえないのです。

もし、すべてを否定する人がいたとしたら、誰しもその人のことを精神的に不健康な人間だと思うでしょう。

でも、すべてに肯定的であることが望ましいとする人も同じです。

仏教の立場からは、どんな立場にあっても、ものごとを極端に見ることは精神の病なのです。

私はこのポジティブという言葉を、躍進・進歩という意味を持つ「プログレッシブ(progressive)」という言葉に置き換えたいと思います。

つまり、ポジティブシンキングでなく、プログレッシブという姿勢、考え方でものごとに対処していくという提案です。

プログレッシブな姿勢でいると、自分という人間が成長し、発展するにはどうすればいいかということを考え、行動するようになります。

何かが起きたとき、「どんな対応をすればいいか」「自分が成長するにはどうすればいいか」という姿勢でいつも対処できるようになるのです。

プログレッシブな姿勢が根本にあれば、目の前のことが好きか嫌いかというのはあまり関係なくなってきます。良いことばかりだと、人はあまり学ぶことがありません。良いことは、ただ自分をするっと抜けていくだけです。

嫌なことはいちいち心にひっかかります。

ポジティブシンキングは、その嫌なことを受け入れず強引に否定しますから、そこから何も学べません。しかし、プログレッシブな姿勢があれば、いろいろなことを学べるわけです。

プログレッシブな姿勢とは、たとえれば、滑り台をただ単純に滑るのでなく、逆さまに登っていくようなことです。

私は公園で遊んでいる子どもたちを見ているのが好きなのですが、子どもたちはわざわざ滑り台を下から上へ上がって行こうとしたりします。

スーッと滑るのも楽しいけれど、反対に転んだり苦労したりしながら登るのも彼らにとってはまた楽しい。子どもは常識に縛られていないから、滑り台を利用していろいろな遊びを思いつくのです。

しかし、大人になると常識にとらわれて、滑り台は滑るものと思い込んでいます。

ポジティブシンキングで生きる人は滑り台を気持ち良く滑ることだけを目標にするのです。反対にネガティブシンキングの人は、滑り台を滑る楽しさも味わわないで、危ないからといって滑らないのです。

ところが、プログレッシブな姿勢があれば、滑り台を滑りもするし、逆さまに登って楽しむこともするのです。

白か黒かを選ぶとき、ポジティブシンキングで生きる人は黒のものでも白にすべきだと言うのです。

でも、プログレッシブな人は、白とか黒とかいうことは関係ない。白であろうと黒であろうとそれを踏まえて、いかに自分を人として成長させ、いい方向へ発展させていくかを考える。そこにプログレッシブな姿勢の真髄があるのです。

真の成長はプログレッシブな姿勢から始まる

ポジティブシンキングというのは、度が過ぎると現実が見えなくなります。

そのことはポジティブシンキングの強い人を見ているとよくわかります。何でもポジティブシンキングでいくので、ネガティブな現実に正しく目を向けない傾向が出てくるのです。

不幸な現実、望ましくない現実があれば、それをしっかりと認識した上でないと、現実を変えていくことはできません。でもポジティブシンキングが強いとそのプロセスを無視してしまうわけです。

たとえば、会社をクビになったとき、その人が「これはむしろチャンスだ。頑張ろう」とただ単純にポジティブシンキングになっているだけであれば、発展的な転職につながらないでしょう。

なぜクビになったのか、個人的な問題、社会環境の問題、いろいろなことを分析しないと、次の就職に経験を生かせません。

よりよい転職をするために必要なのは真にものごとを発展的にとらえるプログレッシブな姿勢なのです。

ポジティブシンキングを信奉する人々は、肉親が亡くなったときもポジティブシンキングで頑張るつもりでしょうか。

悲しいときは悲しめばいいのです。それを無理にポジティブシンキングで気分を変えようとする必要などありません。ネガティブな状況であろうと、そこに素直に感情を寄り添わせていけば、時間とともにやがて悲しい気分は薄らいできます。

親しい人の死などに直面して激しい悲しみに陥ったとき、ポジティブシンキングでいこうと思うのは、落差が大きすぎてむしろ大変なストレスになるはずです。そんなときは無理をしてポジティブになる必要はないのです。

どのような状況で悲しくなったのか、どのような行動をすれば悲しみを乗り越えられるのか、そうしたことを考え実行するのがプログレッシブ・シンキングです。

以前テレビで、高校生の我が子が同級生に殺された親ごさんを取り上げたドキュメンタリー番組を見ました。

その親ごさんは、収監されている加害者の子どもに会いに行き、

「二度とこういうことは起こさないでくださいね。どれだけ残された肉親が悲しむか想像してください。あなたの親ごさんだって悲しいはずです」

と言うのです。そして差し入れもする。それだけでなく、全国各地の少年刑務所に慰問に行って、犯罪被害者というテーマで講演会を開いているのです。

この方が被害者として加害者を恨み続け、亡くなった自分の子どもに対して悲しみに陥っているだけならば、それはネガティブシンキングになります。受けた被害をきれいさっ

ぱり忘れて明るく頑張ろうとすれば、ポジティブシンキングになります。この方はその両方を止《や》めて、二度と悲しいできごとが起きないようにどうすればよいのかと考え出したのです。

加害者と面会して、加害者のことも心配する気持ちは、ポジティブもネガティブも越えているのです。私はこういう人の行動にこそ、プログレッシブと呼ぶべき姿勢があると思います。

この方は人としての道を見つけたのですね。「自分は何をすべきか？」という問いを自分にぶつけることで、道を見つけ出したわけです。辛いこと、嫌なことも受け入れ、自分を磨き、成長させる道です。そうやって自分の道を進むことが、プログレッシブな生き方なのです。

極端なものは心の病。その真ん中もやはり病

先ほど、「極端なものに精神が向かう状態は病である」と言いました。

しかし、そう言うと、

「では、どちら側でもない、その間にある状態がいいのでしょうか？」

と聞いてくる人が必ずいます。

それに対する答えは、「NO」です。良くない両極端の間にある真ん中は、良くないものを半分ずつ合わせたものにすぎないからです。

仏教でいう中道とは、両極端にあるAとBを超越した道なのです。単純に真ん中にある中間の道ではなく、超越の道なのです。

ブッダの時代のことです。人が歩むべき道は何なのかと考えたとき、一部の人は「明日どうなるのかわからないので、人生は極限まで愉《たの》しめばよい」と決めました。また別の人は快楽行をきっぱり否定して、「苦行することによって究極の幸福に達するのだ」と決めたのです。

ブッダは出家してからの六年間、苦行をして、苦行の無意味さに気づき、捨ててしまいました。ブッダは、苦行の道も快楽の道も、結果は同じだと気づいたのです。苦行は苦しんで、苦しんで、最後に幸福にたどり着くという修行です。苦行の果てに期待しているのは快楽なのです。快楽の道を歩む人は、最初から苦を否定して楽ばかりを求めるのです。両者の人生とも、結局は虚《むな》しいのです。

苦行も快楽も表と裏の関係です。苦労して勉強をすると、後で楽になる可能性がありま す。苦しい勉強が嫌で、快楽に耽《ふけ》る人は、その場で楽しみを感じても、後に辛くなります。ここにあるのは楽しみを先にするか、苦しみを先にするか、という選択です。

ブッダは苦行でもなく、快楽でもない、そのどちらにもとらわれない自由な生き方があるのかと探し、その果てに中道と名付けている超越道を見つけたのです。

中道とは、半分適当に苦しんで半分適当に快楽に陥ることではありません。それは中途半端な不幸を招く道になるのです。

もう一度前に述べた、子どもを殺された親のことを考えてみましょう。

子どもが亡くなったという被害を忘れて、楽しく生きているならば、それは快楽行になります。加害者を恨み続け、亡くなった子どものことを悩み続けることは、苦行の道になります。両極端の真ん中を取って、恨んだり悩んだりしながら、楽しく生きてみようとすると、中途半端な生き方になります。

しかしこの親は、別な道を選んだのです。犯罪を犯している子どもたちに、正しい生き方を教えることで、本人としては充実した生き方をすることになります。子どもの死を決して無駄にしない、という気持ちがあって、その上で他の人も助けています。ですから、この親が選んだ道は、中道だと言えるのです。


人間の頭はイエスかノーか、やるかやらないか、善か悪か、などなど両極端に分けて理解するようにできています。

その上でイエスかノーかがよくわからない人は、中途半端な真ん中を選ぶのです。ブッダが発見したように、中道（超越道）を発見することは難しいのです。

人生における正解とは、中道にほかなりません。より良い人生を歩むためには、ポジティブやネガティブという両極端を捨てて、プログレッシブ・シンキングを選ばなくてはいけないのです。

第三章　疲れない生き方は可能である

仕事は本来疲れないものである

アマゾンに面白い亀がいます。この亀は餌《えさ》を自分でさがしにいかずに、口を開けて獲物が来るのをじっと待っています。餌が来るまで何時間でもそうしています。全身は苔《こけ》だらけで、しかもまったく動かないのでまるで石のようです。でも開けている口のあたりに魚が来ると、目にも止まらないスピードでパクリと喰《く》らいつきます。その瞬間魚の姿は影も形もなくなります。

餌が来るのをじっと何時間も待っているなんて、人間の目から見れば無駄なことをしているようにも感じられますが、これがその亀にとっての仕事なのです。

仕事というのは、亀が餌を待ち構えるように、生きる上で必要な行為のことです。仕事で疲れたというのは、生きることに疲れたと言っているのと同じで本来おかしなことです。

仕事というのはお金を稼ぐことだけではありません。家を掃除したり、体を洗ったり、食事をしたり、人とつき合うことも仕事です。たとえば子どもの仕事は一生懸命勉強することだし、遊びだって仕事のうちに入ります。

ですから、仕事が嫌だ、疲れたと言っていては、生きることが成り立たなくなってしまいます。お金儲けだけが仕事だと思うから、仕事を狭くとらえてストレスを感じてしまうのです。

かりにお金がたくさんあって、お金儲けをする必要がなくても、その人には他にも人生のさまざまな仕事があるはずです。

高名な作家たちが一〇万円単位の金額で注文するという、万年筆づくりの職人さんがいます。この方は注文する人の手にピタッと合ったものすごい万年筆をつくるそうです。手や指のサイズ、握り方、書くときのクセなどをすべて計算して、三ヵ月くらいかけてつくるといいます。

この職人さんはたとえ収入が少なくても、それを足りないと言って嘆いたり、ストレスを感じたりはしないでしょう。

自分が納得のいく仕事をし、それをお客が喜んでくれるというところで、満足感を持って仕事をしていると思います。ですから仕事に疲れるなんてことはないでしょう。

仕事で疲れるというのは、収入が少ないとか、きついということとは関係ないと思います。


たとえば農家の仕事は誰が見ても肉体的にはきつそうです。でも、農家の人たちは仕事に疲れたとはあまり感じていないのではないでしょうか。それはその仕事を、生きていくために必ずやらなければいけないことだと思っているからです。

先ほども言いましたように、**人が生きていくのに必要なことが仕事です**。呼吸することだって仕事のうちです。でも「呼吸して疲れました」とは誰も言いません。

もし、日ごろ、お金儲けの仕事で疲れを感じているなら、そんな感覚で仕事の意味を広くとらえ直してみるといいでしょう。

人間はそもそも自立できない生き物である

親は子どもに「自立を早くしなさい」と言います。会社に入った新入社員は、「自立して一人前になって仕事を自分でどんどんやれるように」と上司から言われます。

自立はとても大事なこと。

誰しもそう思っています。


たしかに職場でも家庭でもちゃんと責任と義務を果たしていれば、その時点でその人は自立していると言えます。

でも他のところで依存的な態度をとっていればどうでしょうか。

たとえば、家庭で責任と義務を果たしても仕事で人に頼ってばかりいたら、その人は一方で自立しながら他方で自立していないことになります。

国内の旅行はてきぱきと一人で決断してあちこちどこにでも自由に出かけるのに、海外に行くと言葉や文化の壁で人に頼らないとまったく動けないという人がいたら、その人は、国内では自立して海外では自立していないということになります。

人はいったん自立するとどんな局面においても自立の姿勢を貫くというイメージがある

と思いますが、ときには自立して、ときには自立できないのが人間なのです。

自立がいいことだと思っている人は多いです。でも中には自立しすぎると孤独になったり、人に冷たくなったり、とてもわがままになったりするのではないかと、そんなマイナスの面を心配する人がいます。

そう考える人は基本的なことがわかっていません。

根本的なところで、**人というのは自立した存在でありえない**からです。

仏教に因果という言葉がありますが、すべての現象は原因があって結果があるのです。原因のない結果だけの現象はこの世にありえません。

すべてのことは無数の要素とその働きによってつながっています。体ひとつとってもそのことはすぐわかります。

心臓は心臓だけで動いているわけではないし、脳は脳だけが独立して機能しているわけではありません。血液、リンパ、神経伝達物質、ホルモン分泌液、酸素……といったさまざまなものが連動して心臓も脳も動いているのです。

人の存在だって一個人の力だけで存在している人などいません。肉親や友人や仲間や仕事の相手と関わりながら、お互いに支え合いながら生きている。仕事ができる人でも、

「俺は優秀だから何でも一人でできる」

と思っていても、どこかで誰かの手助けがなければ仕事にならないのです。会社や取引先やお客さんから評価されないとその人の仕事はまったく無価値なものになってしまいます。

孤独に誰とも関わらないで生きている人がいるとします。

ではその人は誰にも依存しないで自立しているのかというと、そんなことはありません。まったく孤独で生きるといっても服を着ないといけないし、食事もしないといけない。

ということは、服を着たり、食事をしたりする行為は、服をつくった人や食料をつくった人たちに依存しているわけです。

私たちは、他人への依存なしに自立することなどできないのです。

生きることが、このように絶えずどこかで人と関係を持ち、人に依存していることになるということがわかれば、わがままでみなに迷惑をかけて勝手に生きることはできなくなります。

自立、自立と追い立てられるように自立を求める必要などないのです。自立をしつつ自立していない。人間とはそのような生き物だと思って、もっと気を楽にすればいいんじゃないでしょうか。

「聞く」ことを疎《おろそ》かにすると道を間違える

最近はおしゃべりな人が増えました。

たとえば、テレビをつけると、うるさいぐらいにお笑い芸人やタレントたちの大騒ぎが目に飛び込んできます。みな我も我もとしゃべろうとして、人の話などまともに聞こうとしていないようです。

世の中、話す人ばかりになると、話すテンポもどんどん速くなっていきます。ゆったりと話をし、じっくり聞くといったやりとりは、現代では稀《まれ》になってきているのではないでしょうか。

しゃべることはもっとも簡単にできる自己表現なので、しゃべる当人にとっては楽しく嬉しいことなのです。

反対に人の話を「聞く」ことは、自分を抑えなければできません。相手に対しては受け身だし、自分の思い通りにならないので辛く感じたりするものです。

つまり、話すことがそれほどの努力がいらないのに対し、聞くことには多少の努力が必要になってくるのです。

みんな聞くことより、話すことにばかりに関心がありますが、聞くことは人としてとても大切なことです。

ちゃんと話を聞かないと、それによって人生の道を踏み外すこともあります。

スリランカでは、おじいさんやおばあさんが子どもたちに、こう言って聞かせます。

「人間に耳はいくつある？　二つあるよね。じゃあ、口はいくつかな？　一つだね〜。しゃべる口は一つで、耳は二つもあるのだから、しゃべることは少なくして、よく聞きなさいね」


私は大学時代、いつもたくさんの友だちと一緒にいました。しかし、授業になると、友だちから離れて最前列の席に座って先生の話を一生懸命に聞いていました。

大学の先生はどちらかというと口下手な人が多いというイメージがありますが、私は授業を受けていてあることに気がつきました。

あの人たちは口下手というより、学生が講義を咀嚼《そしゃく》する時間も計算に入れてしゃべっているのだと。つまりゆっくり間を取りながらしゃべることで、学生がメモを取ったり、理解したりする時間ができるということなのです。

私は授業中にしっかり聞いて理解していたので、後で図書館に行って調べたり、復習したりする必要がほとんどありませんでした。試験の前にも余裕をもって遊んでいました。

一方、友だちは授業中、後ろのほうの席で緊張もせず適当に聞いていたために、試験が近づくと何日も徹夜して勉強していました。

相手の話を聞くコツは、自分の考えや意見を入れずに聞くことです。あくまでも先入観なしに相手がしゃべることをそのまま聞く。

上手な心理カウンセラーは自分の意見を言わないで、ただひたすら相手の話を聞いてあげます。しゃべるほうは、とりあえず自分を受け止めてくれたと、それだけで気持ちが安らぐわけです。

「話す」「聞く」という関係は女性と男性では違います。

女性はしゃべることそのものが好きで、ぺちゃくちゃよくしゃべります。女性は自分の話に必ずしも意見を求めていません。それよりも相手に共感や同意を求めていることが多い。

男性はそのことに理解がないから、よく失敗するのです。女性のおしゃべりに対して否定的な意見を言ったり、「うるさい」と話を切ったり。それで女性の信頼を失ってしまう。

男性がしゃべる場合は、女性とちょっと違ってきます。男性が話す場合は相手をそれによって動かし、コントロールしようという意図が多分にあります。そのためにトラブルがよく起きるのです。

たとえば、公園をきれいにしようというボランティアのグループがいるとします。グループがみんな女性だと、時間に集合するとリーダーが具体的な指示を簡潔に出して終わりです。

しかし、男性だけのグループになると、リーダーが作業の具体的な話だけでなくボランティア活動の意義なんかをひとくさり話したりするのです。

男性はこのように相手の心まで入っていって、支配しようとする欲求を気持ちの底に持っています。

宗教や政治の世界はほとんどそういう欲求で動いています。ヒトラーを例に出せばよくわかるように、悪い心を持った権力者が巧みな話術で人々を扇動し、今までに数えきれないほどの人間が不幸のどん底に落とされたことは歴史が証明しています。

だから人の話を聞くときは、相手が何をしゃべっているのか、どういう立場で話しているのか、どんな理屈を言っているのか、何を計算しているのか、そんなことを冷静に観察することが大切です。

そうすると、相手が話していることはちょっとおかしいなとか、こちらを巧みに利用しているだけなんだな、といったことが見えてきます。

人の話を聞いて悪い方向へ進む結果になるなら、その人は話を聞いていたようでほんとうはちゃんと聞いてはいなかったのです。

「僕は口下手で」と悩んでいる人から以前相談を受けたことがありますが、そのとき私はこう言ってあげました。

「それはよかった。世界中、今やしゃべる人ばかりだから、聞く人がいなくなっちゃった。だからあなただけでも聞く人になってください。そうすればみんなから見事に受け入れられて人気者になりますよ」と。

「自分を守る」ことを怠ってはいけない

経済大国の地位から降りつつある日本は、今や自殺大国になってしまいました。自殺率でいうと、欧米などの経済先進国の中では断トツに高い水準です。

自殺率の高い国を見ていくと、ベラルーシ、ガイアナといった政情が不安定だったり貧しいところが多いのに、日本はなぜ？　と思いたくなります。

日本は社会的には安定しているし、経済的にも非常に豊かです。それなのに、年間に三万人以上もの人がなぜ自ら命を絶つのか、これは日本人が「自分を守る」ということを怠っているからだと私は思います。

端的に言えば、現代の日本社会では、人は「自分を守る」ことより、「自分を前に押し出す」ことに重心を置いているのではないでしょうか。

成功したい、お金持ちになりたい、自分の存在を評価してもらいたい、能力を磨きたい、強くなりたい……。

そこにあるのは自分をいかに前に進めていくか、という強い関心です。サッカーで言えば、守備のことを考えずに攻撃ばかり考えているチームと同じです。

しかし、守備をおろそかにするサッカーチームは、いかに強い攻撃力があっても試合では負けるはずです。

自分を守るということは、決して何かにすがることではありません。

宗教の神さまにすがって自分を守ってもらおうとするのは、インチキな守り方です。会社にすがって会社に守られようとするのもインチキな守り方です。その会社が潰れたらどうするのでしょう。資産が多いからといってそれに頼るのもまたインチキな守り方です。資産がずっとある保証はどこにもない。恐慌が起こってお金や土地の値打ちがなくなってしまうことだってあります。家庭にすがって自分の存在を守るというのも間違いを起こします。自分以外の家族がみな死んだらどうするのか。

神さまにしろ、会社にしろ、家族にしろ、お金にしろ、何かを楯《たて》のように持ち出してきて、守ってもらおうとしても意味がないのです。

何かにすがって自分を守るという方法は、成り立たないのです。何にもすがらない、とらわれない心こそが、自分を守るのです。

ふだんからやるべきことをやって責任を果たしていれば、結果的に自分を守ることにもなります。仏教にこんな話があります。

あるところに福祉活動にいそしんでいる若者の集団がいました。彼らは、老人たちの面倒を見たり、村人の家が壊れたらそれを補修してあげたり、川があるため交通が不便なところに橋を架けたり、さまざまなボランティア活動を熱心にしていました。

そのうち集団のリーダーが結婚をします。しかし、奥さんはみなが汗を流していても、彼らを手伝おうとはしませんでした。

「みんなで一緒にやりましょうよ」

と誘われても、

「夫の財産は私のものです。ですから彼がやっていることも結果的に私のものなのです」

そう言って、取り合わなかったのです。

リーダーは生きているときの行為がりっぱだったので死んでから帝釈天《たいしゃくてん》に生まれ変わります。ところが「夫の徳は私のもの」と言って何もしてこなかった奥さんは死んでから、白鷺《しらさぎ》として生まれ変わったのです。

帝釈天が天界から降りて、かつて奥さんであった白鷺のそばに行くと、白鷺は悲しい目をして田んぼに立っていました。ドジョウが来るのをじっと待ち、泥んこの中からつかまえたドジョウを食べていたのです。

旦那の死後も旦那の徳によって自分の人生が幸福になるだろうと、この奥さんは人に頼ってばかりいたのです。しかし大きな思い違いでした。

自分を守ることは、あくまで自分の仕事です。他人に頼っても、自分を守っていることにはなりません。これは「自分のことは自分で守ってください」と、戒めるためによく語られるエピソードなのです。

自分の道は自分で進んで切り開かなければいけない。この話はそういったメッセージをも伝えています。自分の行いは自分に返ってくる。そこに責任も生まれる。生きているということは自分の行いの結果だということです。

自らの行いの積み重ねが最終的に自分を守ることにもなるのです。

豊かすぎると人は奴隷の生き方を強《し》いられる

欲しいものを得るのはいいことだと思って一生懸命になっても、そこには物理的な限界があります。「金や財産などはいくらあってもいい」という考えは、人を愚か者にする観念です。現実的な思考ではありません。肉体を持っていることが物質的な享受をするさいの縛りになるのです。それを理解しておかないと、大変なことになります。

たとえば服を何千着と持っている人がいるとします。でも、それをすべて着ようとして一〇分おきに着替えるなんてことはできません。

食べることが大好きだという人が、「今日は財布にお金がいっぱい入っているな。ちょっと奮発してランチのお弁当、一〇個買おう」といって、たくさんのお弁当を買っても、とても食べ切れるものではありません。

大きい家が好きだからといって、かりに一〇〇の部屋がある家を建てても、実際に使うのはそのうちの何分の一かでしょう。

肉体がつくるそのような限界を忘れて物質的な豊かさを求める人々は、幸福な人間ではありません。ただ、物質のお世話をする奴隷なのです。

豪邸を二軒三軒持っている人は、自分が奴隷のようになって豪邸の面倒を見る管理人に変わってしまいます。服を一万着も持っているならば、服を着て喜ぶ時間よりは、服の管理に悩む時間のほうが多くなるのです。

人は限りのない豊かさと権力を求めます。でも、それと反比例して人間として生きる歓びと自由を失っていくことに気づきません。

大金持ちや権力者は、実は物質のお世話に一生を費やしている奴隷なのです。

たとえばある女性がイミテーションのアクセサリーをたくさん持っているとしましょう。

イミテーションなので気楽にいくらでも使えるし、厳重な管理も必要ありません。家の中であちこちにアクセサリーを散らかしても構わないし、猫がその一つを遊んで壊しても、気にもしません。

それとは別の女性が、本物のアクセサリーをたくさん持っているとしましょう。イミテーションを所有している女性とは状況ががらりと変わります。

一部は銀行の貸金庫に保管するなど非常に大事にしなくてはいけない。泥棒に入られないようにしなくてはいけない。きちんと手入れもしなければいけない。前者はアクセサリーを支配していますが、後者はアクセサリーに人生を支配されているのです。

人がある程度物質的な豊かさを求めるのは悪いことではありません。しかし、物質的な豊かさが生きる歓びを与えてくれると思うのは勘違いです。

物質的な豊かさがなくても、たいへん幸福に生きている人々はけっこういます。たとえばある研究機関から国民幸福度が世界一と評されているのは、経済的に豊かなアメリカでも日本でも中国でもなく、経済的には貧しいブータンという小さな国です。

豊かさを求めて物を蓄積していくと、その重さに抑えられて、やがて自分が潰されてしまうのです。持ち運ぶ荷物がないほうが、心は軽く旅は楽しいということを知っておきましょう。

人生という旅は、物質的な豊かさを求める道ではなく、心の安らぎを求める道であるべきなのです。

「足る」ことが実感できない人はどうすればいいか？

人の悩みの多くは、他人と比べて自分の能力やモノやお金や名誉が「足りない」と思うことから起こるものです。ですから、「足りない」ゆえに悩むのなら「足る」ことを知ればいい、といろいろな人が言います。しかし、そう言われても、多くの人はなかなか「足る」ということが現実にわからないから困ってしまうのです。

では、「足りない」悩みを上手に解決する方法はあるのでしょうか。ここではそれを具体的にお話ししたいと思います。

まず「足りない」と思うことは、その人が現実を見ていない証拠です。現実を見ていないとは、現実から離れているということでもあり、それは夢や空想、妄想の世界に生きているのと同じなのです。

たとえば、自分の月収が二〇万円なのに、同じ大学を出た友だちは七〇万円もらっている。彼のほうがいいマンションに住んで、いつもいい服を着て、いいものを食べている。そうなると、その友だちを基準にしていろいろ「足りない」と思い始める。

自分は自分、他人は他人でしかないのに、他人のことを自分に当てはめてしまう。しかし他人のことは自分にとって関係のない現実です。

「足りない」と思う人は、他人を演じようとしているのかもしれません。ときどきなら、他人を演じてみるのも面白いかもしれませんが、一生、他人を演じようという人生は人生として成り立ちません。

このように「足りない」と思うときは、他人を見て真似ようとしているのです。友人が高価なブランド品を持っているのを見て、自分に同じものがないことに「足りない」と不満を感じる。だから、その友人と同じものを持ちたいと思う。

でも、お金のない自分が金持ちの友だちを真似ようとすると、自分が壊れてしまうだけです。ですから、自分は自分、他人は他人と、はっきり分けたほうがいいのです。何でもかんでも欲しい、真似したいと思ってばかりいるなら、それは精神がおかしいのです。「足りない」気持ちがある人は、人生を苦しむことになります。人と比べて、「足りない」と思うのでなく、自分自身に何ができるのか、あるいはどのくらい能力があるのかと現実を見て、自分の能力を徐々に上げていくことが幸せにつながります。

そうは言っても、今の環境は、人々の「足りない」という思いをやたらに刺激します。女性向けのファッション雑誌などは、まさに「ああ、足りない」という思いを読者に抱かせて、服や靴を買いにいかせる仕組みになっています。

ファッション雑誌の中にはまったく非現実的な世界が広がっています。厳しい競争をかいくぐって選ばれたとびきりきれいなモデルたちは、プロのスタッフたちの手によって完壁にファッションコーディネートされ、さらに一流の腕を持ったカメラマンに何百枚という写真を撮られ、そのうちの数枚だけが雑誌に使われる。

つまり、その世界はファンタジーそのものなのです。

そして雑誌が読者に向けて発するメッセージは、「ファンタジーの世界のモデルと自分を入れ替えて見てください」というものなのです。

それによって、「ああ、私は足りない……」と読者は悩むのです。しかし、雑誌で宣伝されている商品を買って着てみても、写真にあったモデルさんのようにかっこよくは決まりません。「足りない」という気持ちは、そこでさらに増えていくのです。

「足りない」という思いはどのようなものであれ、多かれ少なかれこのファッション雑誌の読者が抱く感覚と同じものです。

では、この「足りない」感覚をなくすには、どうすればいいのでしょうか。欲するものを手に入れることで、なくなるのでしょうか。

もし欲するものを手に入れることができれば一時的に満足感を得られるかもしれません

が、すぐ「足りない」という病気は現れてくるのです。

たとえば、テレビ通販で宣伝する品物を見て、「これはいいっ！」と思って注文して品物が届いたところで、がっかりしてしまうケースも少なくありません。


「足りない」という感覚を消す唯一の方法は、「必要か、必要でないか」を考えてみることです。また、「使えるか、使えないか」を考えるのもよいでしょう。たとえば、ペットが欲しいという気持ちがあるとしましょう。そこに「楽しく過ごしたい」という気持ちがあれば、必要であるとも言えるかもしれません。

しかし、自分が住んでいる賃貸マンションでは、ペット禁止かもしれません。また自分の仕事環境を考えると、ペットの面倒を見てあげる暇がないかもしれません。ということは、使えるか、使えないか、という尺度に当てはめると、使えないという結論になります。ペットを諦めるしかないのです。

このように「必要、不必要」という尺度を自分の欲求に当てはめることで、「足りない」という感覚は確実に薄くなるはずです。

生きる上で必要なものは容易にそろう

「必要か、必要でないか」と判断するときも、自分の外にある世界のことに目を奪われてはなりません。あくまで生きていくのに何が必要かということを考えるのです。生きていくために欠かせない絶対条件から考えていくのです。そうすると、「これがなければ生きられない」というものごとが現れてくるはずです。

「食べるものはあるのか？」「着るものはあるのか？」「夜、寝る場所はあるのか？」、そんなことから考え、さらに「病気になったら医者の治療を受けられるのか？」「面倒を見てくれる人はいるのか？」といった感じで考えていくのです。そうするとビックリする気づきがあります。

それは、「足りないもの」はなかなか手に入らないですが、「必要なもの」はけっこう簡単に手に入る、ということです。

また、人は簡単に幸福に生きることができるのに、「足りない」という病気にかかって余計に悩んでいるということにも気づきます。

たとえば、ご飯を食べたいのにお弁当を買うお金もなくお腹が空いて困っている人がいるとします。もしそのことをまわりにいる人たちが知ったら、お弁当を買うお金をあげようと思う人がその中から必ず出てくるはずです。

しかし困っている本人が、「足りない」という病気にかかっているならば、「私はお弁当なんか食べたくない。レストランで美味しいものを食べたい」と思って、お金をもらってもお弁当を買おうとしないでしょう。


生命を維持していくのに必要なものがなくて困っている人を見ると、たいがい誰かが助けてくれます。個人が助けてくれない場合は、国が助けてくれるのです。みなあまり気づいていませんが、これは生命の法則のようなものです。命をつなぐために必要なものがそろっていない人がいた場合、人はその人を放っておけないのです。

たとえケチな人でも、ほんとうに困っている人を身近に見ると、ただ傍観者でいられなくなるものです。そしてそのうちの何割かの人は実際に手を差し伸べるのです。

ですからほんとうに必要なものがないときは、まわりから与えられてけっこう簡単にそろってしまうのです。

食べるものがない、寝るところがないという例は極端にしても、たいていの人にとって必要なものは簡単に手に入るはずです。ほとんどの人にとって必要なものは、すでにたいがいそろっているのです。必要なものがそうやってちゃんとそろっていれば、幸福な気分で生活できるはずなのです。

自分で生きるために欠かせないものは何かと、はっきりさせておくと、自分自身にそれを手に入れる方法や能力があることに気づくのです。

別の例を考えてみましょう。夏を過ごすTシャツが二枚必要だとしましょう。それなら、わざわざブランドのものを買わなくても、ユニクロでそろえてもいいわけです。

それをアルマーニのTシャツでないとダメだとなると、「足りない」という病気にかかっているのです。その病気がなければ、ユニクロで問題は解決です。

これは「アルマーニは諦めなさい」という意味ではありません。「今はユニクロで間に合っています。しかし、収入が増えるならば、いつかはアルマーニを着てみたい」という気持ちならかまわないのです。その人は収入を増やす努力をすることです。必要なTシャツも買うお金がないとわかったら、まわりの誰かがユニクロで買ってくれるでしょう。しかし、その人に今度はアルマーニを買ってくれとねだったら、ユニクロでも買ってくれなくなるでしょう。

必要なものがそろうことが人生の基準だと理解すると、必要なものぐらいは簡単に手に入るということに気づきます。より良い人生をめざすのはそれからです。

足りないと思う病気に悩むと、より良い人生をめざすこともうまくいかないのです。必要なものさえあれば人はほんとうは十分に満たされた気持ちで生きていけます。

たとえば刑務所に入れられたとしましょう。「あれもない、これもない、あれが足りない、これが足りない」と悩むことになると刑期の間じゅう、かなり辛い思いをすることになります。

逆に、「刑務所とはこんなものだ、生きるために必要なものはすべてそろっているのだ」

と思えば、刑期中はとても穏やかに生活できるようになるのです。そういう受刑者はきっと模範囚になることでしょう。

必要なものがあればいいという感覚は、「足ることを知る」精神そのものです。穏やかに生きるために一番必要なのは、その感覚です。「足ることを知る」とは、ブッダが語っているたいへん大事な教えなのです。

迷ったときの選択はどちらに行ってもかまわない

進学、就職、結婚など人生の進路を決めるとき、人はどっちにしようかとよく迷うことがあります。

そんなときは、いろいろな角度から分析してじっくり考え込んだりします。

しかし、考えれば考えるほど、わからなくなってしまうものです。

でも、迷っている状態のときは、実はどちらでもいいから迷っているわけです。ということは、どちらに行ってもＯＫだということです。

極端な話、サイコロを振って決めたってかまわないのです。

一方、選択肢を前にして、明らかにこっちのほうがいいと思えるような迷わないケースがあります。

そのときも、いいと思ったほうが正解だったかどうかは結局、わからないのです。

給料の良さに惹《ひ》かれてある会社に入ったとして、その会社の仕事が五年後には時代遅れになって倒産してしまう可能性もあるでしょう。

結婚の候補にAの女性とBの女性がいて、Aの女性のほうがきれいだし気立てもいいからと結婚します。でも、実はお金使いが荒く、子育てもろくにしないというマイナス面が後から見えてきたら、幸せな家庭にはならないかもしれません。

よかれと思って選択しても、先のことはどうなるか予想がつかないのです。

なぜなら、よかれと思うのは、選択する時点でそうだという話にすぎないからです。

すべてのものは絶え間なく変化しますから、そこから先がどう変わっていくかは誰もわからないのです。

「禍福はあざなえる縄のごとし」という言葉がありますが、いいことが転じて災いを招くことはいくらでもあるし、逆に悪いことが転じて幸いをもたらすことだってあるわけです。

このようにいいと思って選んでも、そうならないこともままあるのですから、なおさら、どちらにしようかと迷うようなときの迷いには意味がないのです。

良いほうに転んでも、ダメなほうに転んでも、どちらにしてもそれが人生です。「生きる」という根本から見れば、どちらの人生も実はさほど差がないのです。

第四章　争いをもたらす自尊心を捨てる

自分すら頼りにしないほうが救われる

どんな人でも、いざとなれば自分という人間はそれほど頼りになる存在ではありません。

それは、自分の心を少しでも観察すれば、すぐにわかります。

「自分は強い人間だ」と思っている人でも、人から批判されたり悪口を言われたりするだけで、心はぐらつき、傷つきます。予想を超えるできごとが起こったら、ショックを受けます。

「自分は頭のいい人間だ」と思っている人でも、仕事でトラブルを免れることはできないし、人間関係の問題なしにやっていくことはできません。そんなときには、さすがに「自分は頭がいいなあ」などとは思えないはずです。

「私は人にウソをついたり、ズルをしたり、悪いことは絶対しない」。そう思ってもどこかで、軽いウソをついたり、ちょっとしたズルをしたりしてしまうのが人間です。

つまり自分という人間は、まったく当てにならないのです。今自分はこうすると思っても、次の瞬間どう変化しているか、自分でも予想がつかないのが人間です。「信じられるのは自分だけ」というようなことを言う人がたまにいますが、その自分すらほんとうは頼りにならないものなのです。

パターチャーラー長老尼という尼様にまつわるこんな仏教説話があります。

この人はもともとたいへんお金持ちの箱入り娘だったのですが、家で働いていた身分の低い召使に恋をして駆け落ちしてしまいます。

駆け落ちした先で苦労しながら子どもを二人産みますが、その後すぐに旦那は蛇にかまれて死に、二人の子どもも一人は洪水に巻き込まれて、もう一人は鳥にさらわれてしまいます。錯乱した彼女はかつて自分が捨てた両親のもとに帰ろうとしますが、戻ってみたら家の姿がありません。近所の人に聞くと、昨日の激しい雨で雷が落ち、家が焼け、両親も兄弟もみんな亡くなってしまったというのです。

すべてを失い絶望の淵で悲嘆にくれている彼女を見かねた近所の人が、ブッダのところに行くようすすめました。ブッダのところにたどり着いた彼女にブッダは、

「この世で頼るものは何もない。誰も頼るものはない。両親も、兄弟も、旦那も、子どもも、財産も、そしてあなた自身も、何一つ頼れるものはないのだから、全部捨ててしまいなさい」

と言います。

それを聞いて彼女は、

「そうか、私は何ものにも頼らない心をつくらないといけないんだ」

と悟ったそうです。

このような話を引き合いにすると、〝頼らない心〟をつくるのは実にきびしいことだと思われるかもしれません。

しかし、頼らない心というのは、簡単に言うと、〝とらわれない心〟ということです。

いろいろなものに頼ると人はラクに生きられると思っていますが、実は自分すらも頼らないほうがラクに生きていけるのです。

自分を頼ったり信じたりするのは、自分が持っているさまざまな考えや信念にとらわれているということでもあります。それは不自由な生き方です。

「ああしなければ」「こうするべきだ」といろいろな自分の生き方のルールをつくって、そのために生きることを困難で不幸なものにしてしまっているのです。

「自分すら頼りにならない」と思っていれば、自分をがんじがらめにしている固定観念から解放されて柔軟な対応ができます。そうなると失敗も当然少なくなります。

自分にも、何にも頼らない生き方は、心に重荷を背負うことがなく、どこまでも自由です。

つまり、「頼るものも何もない」という生き方は、何かを信じて生きていくことより、よほど自分を救ってくれるのです。

愛はほんとうは悪いものである

愛という言葉を聞くと、私たちは無条件に良いものだと思います。

でも、ほんとうにそうなのでしょうか。

キリスト教では、愛は神への愛であり、自分への愛であり、隣人への愛であると言って疑いもなく良いものと教えています。

しかし、愛などという言葉をわざわざ持ち出さなくても、親は子どもを心配するし、仲のいい夫婦はお互いにいたわり合っています。隣人愛なんて言わなくても、たとえばインドネシアの奥地で原始的な生活を営んでいる小さな部族は、お互いに友愛の気持ちを抱きながら仲良く暮らしています。

キリスト教では、神という存在を際立たせるために、ことさら愛を強調します。しかし仏教はわざわざ愛なんてことを言わないのです。

というのも、仏教は愛が所有欲であることを見抜いているからです。

愛がほんとうに良いものであるなら、なぜ愛は人類の間でもっと大きな感情に育っていかないのでしょう。もし、愛が人間社会を占める大きな感情になっていけば、世界は平和で満ちるはずです。

でもなぜそうならないかというと、愛の裏側には憎しみがいつも張りついているからです。

恋愛などの場面で、それは如実に出ます。

愛している恋人の心が別の人に向かってしまったら、人はその相手のことを強く憎みます。

あるいは、会社の社長が社員たちを愛しているといっても、その社員たちがどこか別の会社へ転職したら、愛は憎しみに変わってしまうでしょう。

このように、ちょっとしたことで愛は簡単に憎しみに転じます。本来、憎しみに簡単になってしまうようなものを素晴らしいなんていうことはおかしくないでしょうか。

人間がそんな愛にいつもとらわれているからこそ、人類の歴史は悲惨なできごとや戦争が絶えないのです。

愛がいとも簡単に憎しみに変わるのは、その本質が所有欲であるからにほかなりません。

恋人や社員が自分のものであれば愛の対象になりますが、自分の所有でなくなると腹立ちの対象になってしまうのです。

自分のものにしたい、欲しいという感情を、私たちは愛と言い換えているにすぎません。ほんとうははしたない欲望と行為を、愛という言葉できれいにごまかしているわけです。ですから、愛から素晴らしいものが生まれるなんて錯覚なのです。

愛によって相手を所有することは、相手が自由に生きていく可能性を侵害していることにもなるのです。

相手の自由や自尊心の犠牲の上に成り立つ愛は、毒をたくさん含んでいます。

そのことをよく知っておいてほしいと思います。

自尊心の扱い方を間違えると死に至る

自尊心という言葉から、あなたはどんなものを連想しますか？

人間の存在に本質的に関わる純粋な思いのようなもの、と言う人もいるでしょう。あるいは、見栄や傲慢《ごうまん》やエゴといったきれいとは言えない心を挙げる人もいることでしょう。

自尊心が、エゴの強いプライドや見栄といったレベルのものなら、なるべく持たないほうがいいに決まっています。

そういう自尊心は必ず争いの火種になるからです。


たとえば、超大国は超大国の自尊心を持っているがゆえに、しばしば他の国々に対して傲慢な振る舞いをしています。

自分は核兵器を持っているくせに、他国が核兵器をつくろうとすることには神経を尖《とが》らせ、大国の論理でそれを押さえ込もうとする。

貿易だって、自国製品を輸出したいときには相手の門戸を開けるようプレッシャーをかけるくせに、外国製品の輸入が増えると相手国に障壁を設けたり、理不尽なバッシングをやったりする。

超大国の自尊心から発する他国への迷惑行為は枚挙にいとまがありません。

いや、超大国でなくても、自尊心があまりにも強固なため、不安を周辺国にまきちらしている小さな独裁国家もあります。

このように、一般的な意味での自尊心は非常に厄介なものです。これは本当の意味の自尊心ではなく、自分こそが偉いと思う傲慢な感情だからです。

一方、仏教は人が大切にするべき本来の自尊心はどのようなものかと教えています。

それは人間に限らず、動物にも昆虫にもひいては植物にさえもある、本能に近い感情です。

つまり生き抜こうとする生命の意志、意欲なのです。ときには擬態まで使って、敵から身を守る行為をする植物や動物がいるでしょう。何としてでも自分の命を守りたいのです。

これこそが本当の自尊心です。

生き抜こうとするこの本能的な感情は、生きとし生けるものすべてにあるものです。当然、人間にもあります。

それをあえて言葉にすると、〝生命の尊厳（dignity of life）〟ということになります。

そこは、簡単に他人が足を踏み入れてはいけない聖なる場所です。

世俗的な自尊心は、他の生命の自尊心を壊す目的で、本来の自尊心の上にかぶせられた醜いエゴの感情なのです。これはニセモノの自尊心です。

たとえば、「おれは総理大臣だ」と威張っている傲慢な政治家でも、選挙で落ちたらただの人です。「おれは〇〇だ」という着飾った自尊心は、簡単に壊れてしまうちゃちな代物《しろもの》です。

しかし、「生命の尊厳」から発せられた自尊心というものは、いつまでもなくなることはありません。一つひとつの生命は、自分が死ぬまで自尊心を持ち続けるのです。地球上に生命がある限り、すべての生命に生命の尊厳というものがあり続けるのです。

人間には自殺するという行為があります。これは自然の本能からするとありえない行為です。人間に生命の尊厳に気づかず、その上にかぶる邪魔なものであるエゴこそが尊厳だと勘違いしているのです。そのエゴに従えば自殺さえ正当化されてしまうのです。

エゴの感情にしがみつくと、生命の尊厳に対しては鈍感になっていきます。そして自分のエゴが社会の攻撃を受けて壊れてゆくと、自分がダメな人間だ、生きる価値もないのだと勘違いして、自殺をはかるのです。

つまり、自殺への衝動は、生命の尊厳に対してあまりにも鈍感なために起こる気持ちなのです。生命の尊厳に気づかないことは危険です。生命の尊厳があるからこそ、われわれは死を避けて、生き抜くことができるのです。

真の意味で自尊心がないということは、死を意味します。

その意味でも、みなさん、自分の中に眠っているこの本当の自尊心にもっと気づいてほしいものです。

「自分が一番」という秘《ひそ》かな思いを捨てよ

世俗的な自尊心、要するにかぶりものの自尊心が頑迷で厄介なものという話をしました。

しかし、その勘違いした自尊心をつくり出す性質も、また厄介なことに、心に本来備わっているのです。ですから、本来の自尊心がエゴでつくられたニセモノの自尊心に化けるのは、いとも簡単です。

どんな人でも心の中では、「自分が一番偉い」と思っています。

どんなに謙虚に見える人でも、心の中では「自分が一番大事で、一番偉い」と思っています。

心とはそんなものです。ですから、すべての生命に平等に本当の自尊心がある、ということをつい忘れてしまいます。その本当の自尊心がおかしてはならない聖地であることを忘れるのです。

人は自分の心の中ではどこまでも偉いのです。偉いと思っているからこそ、粗末に扱われたり、軽蔑《けいべつ》されたりすると、非常に腹を立てるのです。

自分が一番偉いという気持ちは、エゴとして肥大化したり、不遜《ふそん》なプライドに化けたりしますが、他人に向かって露骨に表現されるわけではありません。むしろ人に対してはなるべく隠そうとします。そうした気持ちから、

「私なんてたいしたことないですよ」

などという言葉が出てくるのです。しかし、本心ではそんなことをまったく思っていま

せん。

それを証拠にそう言う相手に、

「その通りです。あなたはほんとうにたいした人物ではない」

と応えれば、その人は喜ぶでしょうか。相手は間違いなく嫌な気分になって、顔をひきつらせることでしょう。その人が期待するのは、

「そんなこと言わないでください。あなたはたいへん立派な方です」

という応対なのです。

「私はプライドが高くないです」という人は、実際は非常にプライドが高いのです。表向きは、とても謙虚な人でも裏は違うのです。

謙虚に見える人でも、実際は本心はエゴに満ちていること、プライドが高すぎること、自分が一番偉いと思っているといった事実が簡単に示されます。

怒りの感情で生きることは、自分の本来の自尊心を傷つけることです。ですから、怒りは愚か者を生む母なのです。

怒っているとき、人は冷静さを失い、理性がなめらかに働きません。心は不透明に濁る

ばかりです。愚か者になっているのです。

気分良く楽しく生きることをめざすならば、怒りは猛毒だと戒めるべきです。「自分が一番偉い」という勘違いした自尊心は、自分の人生だけではなく、他人の幸福も壊します。人はすべての生命に平等に尊厳があることを理解しなくてはいけないのです。そのことへの真の理解によってのみ、勘違いした自尊心は消え去るのです。

たとえ人生に意味がなくても、楽しめる

生きることとは、先述したように自分のちょっとした欲求や義務感から生じる、たいしたことのない行為の積み重ねです。しかし、それとは別に自分では管理できないもう一つの流れがそこにはあります。

それは生老病死です。つまり、生まれること、老いること、病気になること、死ぬことです。

生命とは、新しい細胞が生まれ、衰えて死ぬことの連続です。

そういう流れの中に生老病死がある。この流れは自分の意志とは関係なく続く、生命の法則です。

生命とは絶対的で変えることのできない法則によって流れていく働きにすぎないのです。何か特定の目的があって、それをめざして流れるというような意味はそこにはありません。川にボールが一個落ちたとしましょう。そのボールは川の流れに従って流れるでしょう。ここまで流れて、ここで止まろう、という目的も計画もボールにはありません。止めたくなっても水が流れていく限り、流れ続けるしかないのです。

これと同じで、生命というものも〝無常〟という法則の中でどこまでも流れるより他、何もできません。このように、「生命には大事な目的やゴールなどなくただいたずらに流れるだけなのだ」と言うと、誤解する人もいます。

「生命に生きる目的がないのなら、命を軽く扱っても構わない、命を尊重する必要はない」などと思ってしまうかもしれません。また、生きる気を失わせる話だ、と思うかもしれません。しかし、この考えも正しくないのです。生命に大事な目的があったはずだ、という人が、「そうではない」と否定されると、自然に頭に浮かぶ反論なのです。「価値がないものを壊しましょう」ということは、「何か価値があるものを残しましょう」という意味になります。命に価値があるということは証明できません。同時に命を軽視したり危害を与えたりすることに意味があると証明することもできないのです。逆に自分の命も他人の命も尊重して生きることで、気楽に平和で生きられるということは、証明するまでもない事実です。目の前の現実を認めて、生きとし生けるものの命を尊重した方が、幸福に生きられるのです。

つまるところ、生命とは、無常の法則によって流れるだけのことです。

生きるという苦しみは、すべての生命にあるものです。川のたとえで考えれば、流れるボールはときには激しい波に当たったり、渦巻きに巻き込まれたり、岩にぶつかったり、あるいは穏やかに美しく流れたりと、さまざまな形をとりますが、流れることそのものには変わりありません。

生命もそれと同じで大きな荒波をかぶるときもあれば、スムーズに流れたりすることもあります。基本的に生きることの苦しさは平等ですが、その苦しみの中身は人それぞれに違うということです。これは避けられない法則です。

結局、すべての生命は、〝苦〟という流れに巻き込まれているので、そこに特定の生命が偉いとか、他の生命は惨めだなどという差別は成り立たないのです。

生命である限り、人はただその苦の流れに乗って意味もなく目的もなく苦を回転しながら生きていくだけのことです。


生きることに意味は成り立たない。かと言って「どうでもいいや」と投げやりな気分になって流れるままにする必要は決してないのです。

根本において生きることに意味がないのは確かですが、それでも人生を有意義なものにすることはできます。決して「意味がない」＝「完全に無駄」ととる必要はありません。

意味がないからこそ、工夫したり、整理したりして、制御して、面白く操縦することができるのです。

人生というゲームを操る上手なプレイヤーになる

誰もがいつの時代にもはまっている人生というゲームがあります。

このゲームは何の意味もなく、何の役にも立たないプログラムでできています。しかし、無意味なルールで動くゲームでもけっこう楽しめます。

でもルールを知らない人にとってはゲームはつまらないのです。ルールを熟知して指の動きの早い人にとっては、病みつきになるほど面白いのです。生きることは、このようなカラクリでできていると理解してもらってもけっこうです。

毎日の小さな工夫の積み重ねと、絶対逆らえない生命の流れ。この二つは人生においてどのように絡み合うのでしょうか。

それは川に浮かべたボートを櫂《かい》で漕いでいる姿をイメージするといいと思います。

川でボートに乗っているときに、櫂がないとどうなるでしょうか。水の流れにまかせるしかありません。しかし、流れにまかせていると、大きな岩にぶつかってボートが壊れたり、浅瀬に乗り上げて動けなくなったりします。

櫂で水を搔《か》く行為は、人生において努力や意志や義務感から自分を動かす行為にあたります。一方、川の流れは、生命の不変の流れです。自分が頑張って櫂でボートを漕ぐ力と、川の流れが合わさって、人生における一つひとつの結果が生まれるのです。

大きな岩が現れたらぶつからないように櫂を動かしたり、ちょっとした滝が目の前に現れたら衝撃がもっとも少なそうなところにボートを誘導していったり、うまく操らないとちゃんと前に進めなくなってしまいます。

その都度、その都度、障害物を乗り切って流れに巧みに乗っていくことは、ちょっとした達成感の連続です。

人生は、こうした小さな達成感をどれだけ多く持てるかが勝負なのです。達成感が多ければ、それだけ幸せな人生になります。

その場、その場で仕事をしっかりとうまくやる。食事もどうせ食べるなら美味しく食べる。どうせ一緒に暮らすなら喧嘩《けんか》しないでニコニコ生活する。

人は生きることからは逃げられないわけですから、その中でしっかり充実感をもって生きて、たくさんの小さい達成感を得ていくことが大切です。

生きることから逃げられないのは、言ってみれば囚人と同じです。刑務所の中ではたくさんの規則があります。起床に始まって消灯まで、食事や作業や入浴の時間まですべてがきっちりと決められています。

そんな規則があるところで、自分は朝遅くまで寝ていたいとか、お風呂はゆっくり長く入っていたいといったわがままを言えば、まわりの囚人や刑務官としょっちゅうトラブルを起こして、刑務所の生活はたいへん悲惨なことになります。

仏教の修行に、自由のない人生そのものから脱脚することを、解脱という最終のゴールとしてめざすものです。しかし、私たちが解脱するまで生きていかなければならないということは変わらない。解脱するまでの間にどれだけの小さな達成感を重ねられるかが、「人生の値打ち」を決めるのです。

人生の壁は意外と低いもの

多くの人が逆境と思う時代には、壁がいたるところにあります。

しかし、「壁があるから辛いな」と思うのは間違っています。

壁というのは、生きている限りいつもあるものです。そもそも壁がなければ人生はつまらないと思います。

言い換えれば、壁とは挑戦する目標ということです。

挑戦するものがないほど、つまらない人生もないでしょう。

壁が挑戦していく対象であれば、それはもう壁とは言えないかもしれません。

たとえば、日本料理の上手な女性が、フランス料理に挑戦しようとします。一度もフランス料理をつくったことがなければ、その女性は料理本を買ってきて読んだり、あるいは料理教室に習いに行ったりしなくてはいけません。

でも、その女性にとってフランス料理は、壁としてたちはだかっているものではないはずです。壁なんて言葉すら思い浮かばないでしょう。

なぜならフランス料理を学ぶことに挑戦する喜びがあるからです。

壁はまたみなさんが思うほど、そんなに高いものではないはずです。

たとえば、オリンピックの金メダルをとることは、一般の人にとっては不可能なあまりにも高い壁でしょう。

しかし、オリンピックへの参加は一般人にとっては何の関係もない話です。一般人にはオリンピックに参加する資格さえもないので、挑戦する意志を持つ必要もないのです。ですから、その人にとって金メダルの壁ははじめから存在しないのです。

フィギュアスケートの浅田真央選手には、金メダルという壁があります。彼女には金メダルに挑戦する資格がそろっています。金メダルに挑戦しなくてはいけないのです。それは明らかに壁です。しかしその壁は、決して乗り越えられないような、とんでもなく高いものではありません。彼女の実力からすれば十分にクリアできる目標だからです。

もちろん、このように前向きな気持ちで挑戦していく壁だけでなく、逆境にあって乗り越えなければならない壁もあるでしょう。でも、そうした壁も自分の力を試し、鍛えるためにあると思えば、挑戦する喜びをどこかに感じるはずです。

つまり、逆境のときに感じる壁もその人の実力からすれば十分に乗り越えられる高さなのです。**逆境という壁はその人本来の力をもってすれば解決できるものなのです。**

ですから逆境のとき人に与えられる壁というのは、決して高いものでないと思います。逆に言うと、必要以上にみんな壁を高いものだと思い込んでいるのです。

高い壁と思い込んでいるものをよく観察すれば、ただの妄想であったり、壁と見る必要のないものであったり、無知ゆえに高いと錯覚していたり、そんなケースのほうが多いはずです。

どんなに難しく見えても、挑戦していく意志がある限り、壁はあってないようなものだし、また私たちが思っているほど高くはないということを知っておいてほしいと思います。

「何もしない」という刺激こそ求めよ

今の社会は、とても刺激的です。テレビをつけても、ネットを見ても、町を歩いていても無数の刺激に満ち満ちています。

では、そんな刺激だらけの社会になる以前、人は刺激のない世界に住んでいたかというとそんなことはありません。

なぜなら、「生きる」ということは、体や心の中で常に刺激が起こっている状態にほかならないからです。

五感に情報が入って、そこで刺激が起きる。心の中でも刺激が起きる。刺激が起こって心が動き、認識が働く。

生かし、生かされるというエネルギーは、外から入ってくる刺激があってこそ成り立つのです。ですから、刺激がなければ、人は気力を失い、何もできなくなります。

これが刺激と人との基本的な関係です。

もっとも刺激によって人は生かされるのだから、刺激であれば何でも受けたほうがいいということにはなりません。

刺激にも、いい刺激と悪い刺激があります。当然ながら、なるべく悪い刺激は避けたほうがいいわけです。

悪い刺激とは、エゴを強めたり、自分の中にある悪い要素を増幅したりするようなものです。たとえば、人生を破壊に導く、依存性が高いものは悪い刺激です。一番わかりやすい例は麻薬ですね。

反対にいい刺激とは、たとえば芸術に触れるとか、自然の中へ入って行って自然から与えてもらえるようなものです。それは自分を成長させてくれる生産的な刺激です。

いい刺激、悪い刺激といっても、人によっては悪い刺激をいい刺激だと錯覚して求めることもあります。それゆえ、無批判に刺激に身をまかすのでなく、心身に与える具体的な影響を判断して選ばなくてはいけないのです。

たとえば、万引きや痴漢には何度も繰り返す常習性があります。そうなるのはそれが本人にとって、快感をもたらす刺激だからです。

ですから、刺激を求める前にこの刺激がいいか、悪いかという判断よりも、刺激による副作用のほうをチェックするといいと思います。悪い刺激は麻薬のように最後は身を滅ぼすことになりかねません。

悪い刺激をやめると、そのかわりにいい刺激が生まれてきます。

つまり、**いい刺激をあえて求めなくても、刺激の副作用をチェックし悪い刺激をどんどん避けるようになれば、自然にいい刺激に満ちた人生になっていくはずなのです。**

刺激があって人は生かされていると言いましたが、いい刺激を受けているときはそのことを体で実感できるものです。

西洋の社会で信仰されているように、私たちは神さまに生かされているのではありません。それが正しければ、今そのままで生きていればよい、ということになります。現実はそうではありません。私たちはただひたすら、刺激によって生かされているエネルギーそのものなのです。

ところで、刺激というと、「何かをする」ときに感じるものだとふつうは思います。しかし、「何もしない」ことで生じる刺激もあるのです。たとえば、「嘘をつく」のでなく、「嘘をつかない」という行為もその一つです。

嘘をついて人を騙すことは言うまでもなく簡単で悪い刺激です。そこで嘘をつかないことにすると、そうとう大変なのです。

その大変なことに挑戦してみると、嘘をついていたときよりもはるかに強い刺激が心に与えられます。この刺激が人に充実感を与えるのです。空《むな》しく生きているという気持ちをなくすのです。そして代わりに内側から深い智慧が湧いてきます。それは捨てた刺激とは比較にならない、大量の良い刺激を沈黙のうちにもたらします。

つまり、そのような状態になるには、すなわち悪い刺激から離れるだけで十分だということです。悪い刺激から離れるだけで、自動的に人間を磨く良い刺激に恵まれるのです。

「逆境」は受け入れればおのずと「順境」になる

不景気が長く続くと、「どうやって生きていけばいいのか」と、暗い顔をして途方に暮れる人が多くなります。

でもそれを逆境だと感じる人は間違っています。たとえば私の母国スリランカと比べれば、不景気とはいえ日本の経済は世界で有数の豊かさを持っています。それを逆境というならスリランカの人はどうなるのでしょう。日本の経済的な豊かさをそのままスリランカに持っていけば、スリランカの人たちは経済的な面において逆境だなんて誰も思わないでしょう。

逆境というのは、このように「とらえ方次第」なのです。

生きていれば逆境と感じてしまうことがいろいろあると思います。そもそも、その大半は自分の不始末や、期待したのにそうならなかったことによるものです。

中には、自分の力ではどうしようもなかった、ということもあります。どちらにせよ、逆境のときは、「太刀打ちできない」という思いにとらわれます。自分なりに何とか努力しているものの、うまくいかない状態です。

どんな問題が起きても、それに適した対応ができる場合は、誰も逆境だと言わないのです。

逆境だといって悩むどころか、「うまく問題を解決した」と喜んでいるはずです。ですから、逆境のときは、自分に対応する能力がないことが問題なんだと理解したほうがいいと思います。

逆境という言葉を使うと、自分以外にも問題や責任があるように感じてしまいがちです。そうなると、世界の経済状況が悪い、国の政治が悪い、まわりにいる人たちの態度が悪い、と悩むことになるのです。

しかし、世界の経済、国の政治、周囲の人たちの態度といったものだけが悪いのではなく、それ以前に逆境に太刀打ちできない自分がいるのです。

逆境に陥ったときは、あくまでもそれを自分の問題としてとらえるべきです。

刻々変わる社会に対しては、さまざまな方法を考え出して対応するべきです。

そうしていくうちに、逆境は自分を破壊する敵ではなくなるのです。

しかし、そうは言っても人間は逆境から逃げたくなるものです。逃げていると、「逆境だから今は頑張れないけど、状況が変わって良くなったらまた頑張ろう」と思います。でも、この態度はまずいのです。

もし状況がいっこうに期待するように変わらなかったら、どうしましょうか。逃げたまま社会から消えてしまうのでしょうか。

逆境から決して逃げてはならないのです。むしろ逆境に向かっていってその懐に飛び込むことです。

まず逆境を受け入れた上でどんな対応をすればよいかをさがせばよいのです。

人生は変化するものです。逆境も順境もない、ずっと同じままの人生などありえません。人間も自然の生き物ですから、天気のように絶え間なく変わっています。

雨が降ったら雨に文句を言う、雷が鳴ったら雷に文句を言う、猛暑になったら太陽に文句を言う、そんな人生を送りたいのですか？

期待はずれの天気になったからといって、それを恨み、逆らって生きていくなんて情けないことです。天気が変われば、それに合わせて生きていくだけです。
悪い天気だから逆境、いい天気だから順境ということではないでしょう。
人生もそれと同じ。逆境や順境なんてものはほんとうはないのです。自然と同じように
ただ変化がある。そうシンプルにとらえることができればいいのです。

過去の経験と記憶は思っているほど役に立たない

リーマンショックが起きる前ですが、

「今のアメリカ経済の状況はちょっと危険だ、でもアメリカは過去の経験を生かして対策を講じていけば大丈夫である」

というようなことを話していた経済の専門家がけっこういました。

過去のデータを調べて、「前のバブル危機はこうして起こったけど、今回はしかるべき手を打っているから心配ない」、あるいは「過去のあるケースと今回の状況は似ているようだけど、現在の社会の経済状況の動きから見ると、決して問題にならない」などといっ

た意見を出して、アメリカ経済の底堅さを謳《うた》っていたのです。

そのような論調の記事はリーマンショックが起こる直前にも出ていました。そしてリーマンショックによってアメリカだけではなく、世界中の経済がどん底に落ちてしまったわけですが、それを予想して防ぐためには過去のデータと経験は一つも役に立たなかったのです。

私たちは過去のデータや経験をよく気にしたり参考にします。それは予測通りに問題が起こるならば役に立つかもしれません。

しかし、「予測した通りに問題が起きました」というのはそもそもおかしな話です。次から次へと起こる問題をわれわれは正確に予測などできないのです。予測できる範囲の問題は起きないように前もって手を打つので、問題として表れません。

ですから、この社会で起こる問題はすべて予測していなかった問題ということです。予測できない問題には、結局その場、その場に相応しい瞬間的な判断をしていくしかありません。過去のデータやら経験といったものは問題を予測する上で役に立たないと思っておくべきなのです。

人生の場合も同じです。人は過去の膨大な記憶と経験を持っているように思っています。そうしたものは一種の財産であって、それがあるからこそ未来のことはある程度予測ができ、安心して生きていけると思っています。

しかし、この安心感も人生をおかしくする一つの落とし穴なのです。

私たちは、過去の経験によって現在の人生が形成されていると思っていますが、過去の経験などは現在の人生を構成する一部の要素にすぎません。一部どころかほんのわずかな要素なのです。

人生は瞬間、瞬間に変化していくものです。過去の記憶や経験に照らし合わせて、次の瞬間を築く暇も余裕もなかなかありません。

たとえば、登っていた階段から、突然落ちたとしましょう。階段を転がって落ちるとき、過去の記憶も経験も何もない人と豊富な知識や優れた能力を持っている科学者とでは何か差が出るでしょうか。優秀な科学者であっても、階段を落ちるのは突然起こる瞬時のできごとですから知識や過去の経験を生かす余裕などありません。せいぜい、落ちる瞬間に、体を守ってダメージをちょっと少なくする程度です。

瞬間、瞬間に変化していく人生もこの階段と同じで、過去の経験や知識は思っているほど助けにならないと認識しておいたほうがいいのです。

過去の記憶とは何でしょうか？　過去のことを私たちはすべて憶えているのでしょうか？　いいえ、憶えているのは過去の経験の一握りです。憶えていることより、たくさんのことを忘れているのです。

かと言って憶えている一握りの経験だけが役に立ち、忘れた経験はそれゆえ役に立たない、とも言えないのです。役に立つものを忘れて、邪魔になるものを憶えているケースもけっこうあります。

役に立つ、立たないにかかわらず、人は何かを忘れて、何かを憶えておくのです。むしろ役に立たないことをよく憶えていたりします。とりわけよく憶えているものは、欲、怒り、嫉妬などの悪感情に絡んだ経験と知識です。

たとえば、学校で授業を受けているとき、先生にプライドを傷つけられることを言われたら、それはいつまでもはっきり憶えています。反対にあれほど長い時間聞いた授業内容はきれいサッパリ忘れてしまうのです。

しばしば、私たちは悪感情にとらわれて、役に立つことを見事に忘れてしまうのです。私たちが思っているほど、過去の経験と記憶は役に立たないのです。

ですから、過去の経験を思い出そうと時間を無駄にするのなら、今この瞬間をどうすればよいのかを考えたほうがいいかもしれません。

どのような過去の記憶を持っているかで人の性格傾向を判断することができます。怒りや憎しみなどの感情に支配されている人の過去の記憶は、親に怒られたことや、学校でいじめられたことや、他人に批判されたことなど、怒りや憎しみに関わる経験ばかりです。ふつう子どもは叱《しか》られるより、大事に愛される時間のほうがはるかに多いはずです。

しかし叱られたマイナスの記憶のほうが鮮明に残ったりするのです。

反対に、辛いことは忘れて過去の面白いこと楽しかったことばかりを憶えている人もいます。

つまり人が何を記憶して何を忘れるのか、というのは、その人の性格によってコントロールされるのです。ですから無批判に過去の記憶を頼る前に、自分の性格はどのような感情で管理されているのかをまず理解する必要があります。

いずれにしろ、過去の記憶や経験にとらわれたりせず、今この瞬間に正しい判断ができるようになることがもっとも大事なのです。

力を抜いて生きるコツ

ある人からこんなことを聞かれました。

「仕事でも子育てでも何をするにも力が入って、すぐ疲れます。どうすれば力が抜けるでしょうか？」

その人はうんうん唸《うな》って出口を見つけようとしていましたが、答えはきわめて簡単です。

それは、能力を上げるということです。

能力があればものごとは簡単にできます。

たとえば、テレビでピアノを華麗に奏でる人を見て、「自分もああいうふうに弾けるようになりたい」と思ってピアノを習い始める人がいたとします。

はじめのうちは、一生懸命練習しても思うように弾けません。肩に力が入ってぎこちない演奏しかできない。当たり前です。それでも長い歳月をかけてへこたれずに練習を続けていくうちに、それこそテレビで見た演奏家のようにスラスラとピアノを弾けるようになります。鍵盤を見なくても、鼻歌まじりのきわめてリラックスした状態でも演奏できるのです。

これが能力を上げるということです。能力があれば、楽にものごとができるのです。楽にできるから力が入らない。

反対に能力がなければ、どうしても力が入ってしまう。

料理の経験がないまま結婚してしまった女性は、慣れないうちは料理をつくるのにひじょうに手間がかかります。

力が入っているから調理法や味加減を間違えることもしばしばでしょう。それでも何年もやっているうちに、どんどんうまくなっていきます。以前なら二、三時間かけてご飯をつくっていたところを一時間もあれば楽にできるようになったりします。しかも余裕があるからたくさんの品をつくることができます。

人間関係においても、能力のあるなしで関係性が変わってきます。たとえば、子どもがしでかした失敗に対して理不尽なまでに怒るような親は、親としての能力が足りないから余裕を失っているのです。

何ごとも能力があれば、力を入れて努力する必要はなくなるわけです。実に単純なことです。お稽古ごとでも仕事でも「自分は努力しているなあ」と感じるのであれば、その人はまだ能力が十分でないということです。

努力している段階では、まだ力が入っています。

しかし、能力が高まってあるレベルを超えると、努力しなくてもいろいろなことが楽にできるようになります。

何でもはじめのうちは、能力がなくてできないわけですから、力が入った努力をするしかありません。はじめから「力を抜きたい。努力はしたくない」といっても、努力なしに何かできるようになるなんてことはありません。

ですから、「努力しているうちは、力が入るものだ」と思っていいのです。力が入ってしまうことを気にする必要はないのです。能力が上がるにつれて、力が抜け、生きることが楽になっていくのです。

第五章　人生は割り算にするといい

足し算の人生から引き算の人生へギアチェンジする

現代人は、いつも何かを求めて得ようとしたり、身につけようとしたり、どんなものでもプラスに足していくことにこだわった生き方をしています。プラスであればあるほど幸せでいいことだと思っているからです。それゆえ、ほとんどの人が「足し算的な生き方」をしています。

しかし、人生には足し算だけでなく、引き算もあれば、掛け算や割り算だってあります。それなのに、みな足し算的な発想で生きている。お金でも能力でも地位でも名誉でも、プラスの数字が大きくなるのは手放しでいいことだと思い込んでいます。

でも、足し算をしすぎると、背負うものがどんどん大きくなります。大きくなればなるほど、思いとは裏腹に身動きが自由に取れなくなり、むしろ幸福感が少なくなっていくものです。

客観的に見ればこんなに多くのものに恵まれているのに、なぜか寂しい、虚しいと心の中で感じている人は少なくありません。

人生における足し算はいいことだと思って、数字をどんどん足した結果、悲劇に見舞われる人は、後を絶ちません。

仏教には、こんな話があります。

海岸や川や湖などの水辺に生息しているカワセミは、獲物を見つけると水中に飛び込んで魚や昆虫を捕えます。

カワセミは獲物を捕まえると、それをくわえたままいったん川に浮かんでいる木の枝や石の上に戻って飲み込みます。中には自分の体の倍ほどの大きさの魚を捕まえたりすることもあります。

しかし、捕まえた魚があまりにも大きくて、くわえてうまく飛べないことがあります。それでもせっかく捕まえた獲物ですから、カワセミは放したくないわけです。

そんなとき、どうするか。

カワセミには選択肢が二つあります。

第一は、放したくないからずっと獲物を持っているという選択。でもそれだと飛べないので、そのうち水に溺《おぼ》れてしまうでしょう。

第二は、獲物を捨てて新しい獲物をさがすという選択。

もちろん、生きていくためには、二つ目の選択をするしかありません。

大きな獲物をくわえたカワセミと同じように、人間も足し算をしすぎるとそれが重しになって溺れてしまいます。ただ人間の場合、溺れていることにしばしば当人が気づかない、という問題があるのです。

そうやって溺れている人を世間はどういう目で見るのでしょうか。

同情したり哀れみを覚えたりするのでしょうか。とんでもありません。それどころか、多くのものを持っているということで、世間はむしろ「あの人はすごい！」とか「素晴らしい！」と賞賛します。表面的な世界では真実とあべこべなことが起こっているのです。

そして、その賞賛に惑わされて、自分の心にぽっかり開いた空洞に気づかないまま生きるのです。

大事なのは、足しすぎたなと自覚したら、引き算をすることです。あるいは、足す前から引き算をすることです。

引き算というのは、人に譲ったり、与えたりするという行為です。仏教の言葉では「布施」と言います。得る足し算だけではなく、人に与える引き算を合わせて生きることで、人生に溺れずに済むのです。

みなさん、足し算だけではなく、適切に引き算も上手になるように練習してみてはいかがでしょうか。

金などの物質は足していくことに値うちがあると思っているでしょう。しかしそれは、限りなく足すことはできません。足しすぎると人生は壊れます。前述したように、人は物質的なものを享受する上で処理能力の限度があるのです。限度を超えたものはその人にとって不必要なものです。

ですから、処理限度を超えて入ってくる金は、恵まれていない他の人々の幸福のために使うべきなのです。それが正しい引き算なのです。

足し算、引き算は物質的なものだけではありません。

自分の性格の悪いところも計算してみなくてはいけません。それを一つひとつ引き算してゼロにしなくてはいけないのです。その上で自分の良いところを足し算で完成しなくてはいけないのです。

自分が持っている知識、能力などは、本来他の人々と分かち合わなくてはいけません。割り算です。普通の割り算では、一〇〇を四で割ったら、答えは二五になります。数字が下がります。

しかし知識や能力の場合は違います。割り算すればするほど、自分の数字は上がっていくのです。たとえば自分が勉強したものを他人に教えてあげれば、自分の知識はさらに増えていきます。**人間の智慧というものは割り算すると、結果掛け算になって増えるわけです。**

ですから足し算だけの人生では結果的に智慧を身につけられません。引き算、割り算こそが、実はいい人生をつくる決め手になるのです。

「脳が喜ぶ笑い」が問題を解決する

最近はテレビをつけるとお笑い番組を目にすることが多くなりました。私がお笑い芸人たちを見ていて気になることが一つあります。それは、人の失敗や欠点をあげつらって笑いの対象にしているところです。

人を元気にさせる、明るくさせる笑いは問題ありません。しかし、人の失敗や欠点をあげつらう笑いは、良くないと思います。そんな類の笑いは、必ずしも心底から人を明るくしてくれるものではありません。

ですから笑いの場合も、すべて良いものではなく、悪い笑いもあるということです。笑いは笑いを呼ぶものなので、当然、悪い笑いは悪い笑いを呼ぶのです。

悪い笑いは人の不幸を笑っているのですから、それを聞いて相手が幸せになるわけがありません。心に余裕がある間は悪い笑いでも我慢できますが、余裕がなくなったときは、心は傷つきます。当たり前のことですが、人の欠点や短所をあげつらって笑うことはよくないことです。

一方、いい笑いは、人の心を明るくさせます。心に抱えている問題を吹き飛ばし、人を元気にさせます。さまざまな問題にひっかかって心が暗くなってくるとき、いい笑いは「そんなのは大したことではないでしょう」という気持ちにさせます。いい笑いには悩みを解決してくれる力があるのです。

人には、日常でのできごとを必要以上に大袈裟《おおげさ》に考える癖があります。何に対しても神経をすり減らして対応していると、問題が起こってもスムーズに解決しません。そこで、いい笑いの出番です。

笑顔でリラックスして対応すれば、どんなことも必ず良い結果になります。ただいい心持ちで笑顔でいるだけで、解決してしまう問題もあります。

人の欠点などを笑顔で受け止めて、「大したことではない」と思うのは、良いことなのです。ですから、「ただ笑えばいい」ということではなく、質の良い笑いを心がけなくてはなりません。

さまざまな笑いの中でも、無邪気な赤ん坊の笑顔はいい笑いの代表と言えます。こういう邪心のない笑いはまわりの人を自然と笑いに導き、幸せにします。いい笑いをしているときは脳も喜んでいるのです。

そういう状態にあるとき、脳は本来の自分の力を発揮します。

たとえば子どもが勉強しているとしましょう。勉強したものが身につく場合も、なかなか憶えられない場合もあります。その差は何でしょうか？　勉強したものが憶えられたときは、脳が喜びを感じているのです。

反対に脳が嫌がっていると、頑張って勉強してもそれは身につきません。仕事の場合も同じで、脳が喜びを感じているときにもっとも良い結果を出します。

いい笑いが良い結果をもたらすのは、このように脳の力がもっともいい状態で引き出されるからです。

そして、いい笑いはその瞬間、人を自由にさせてくれます。笑っているとき、人はその人を縛っている世間の常識や仕事や人間関係のしがらみといったものから、解放されます。

あるいは、人間の存在をもっとも不幸にする怒りの感情からも解放されます。

どんな困難なときでも、いい笑いをつくれれば、その人は救われるのです。

もっと泣いたほうがいい

笑いの話をしたので、泣くことについても少し触れておきましょう。

笑いというのは、泣くことよりも社会的な制約が少ないものです。

笑いにおける社会的な制約を挙げるとすれば、たとえば仕事中は笑わないほうがいいとか、人が亡くなってお悔やみをしているときとか、せいぜいそのくらいではないでしょうか。

ところが、泣くことになると、とりわけ男性の場合、我慢を強いられる文化が厳然としてあります。

しかし、泣くことは、おしっこをすることと同じで一つの生理現象です。我慢するのは心身ともにほんとうはよくないのです。

男というのは泣くと、自ら負けを認めるという意味合いになったりします。だから、泣くことを我慢する。

辛く泣きたい気分になったときでも、人がいるところでは人目をはばかって泣くことはまずありません。もっとも一人のときでも、「泣くまい」「泣いてはいけない」と我慢してしまうことのほうが多いでしょう。

このように**泣くことを不自然に抑えなければ、現代に生きる男性は今ほどストレスもたまらないだろうし、もっと長生きすると思います。**

その点、女性は頭がいいのです。初めから、「私たちは人前でも平気で泣きます。別に文句ないでしょう」と社会の許可を取っています。

もっとも最近は女性も男性化してきているので、滅多に人前では泣かないという人が増えましたが、こういう人たちは、やはりストレスがそれなりにたまっているのではないでしょうか。

泣くことは女々しいと言われますけど、それを我慢してストレスで早死にしてしまうことを考えたら、女々しいなんて言っている場合ではありません。

出すものは出せばいい。出たがっているものは出せばいいのです。そのほうが自然なのです。もっともっと泣いていいと思います。

空しさの感情は欲が大きいから起こる

「空しい」という思いは誰しもが持つものです。

空しさの感情は、欲のない純粋な気持ちが出発点にありそうですが、実はそうではありません。

空しくなるのは、反対に欲があまりにも大きすぎたり、大きな夢や理想を持ちすぎたりする結果なのです。

実際、理想が高い人は、空しい感情にしばしばとりつかれます。

社会はこういう風でなくてはいけない、人のありかたはこうでなければならない、そんな理想にとりつかれた人は、必ず挫折《ざせつ》するので空しい感情を抱えながら生きていかざるをえないのです。

仕事で大金を儲けてやろうとする人が大きすぎる目標を持つと、やはり空しくなってしまいます。今は年収五〇〇万円なのに、来年は一億円の収入にしようと目標を立てても、それは現実的な夢ではありません。

夢という言葉には希望を感じさせるいい響きがありますが、大きすぎる目標を夢にしてしまうのは良いことではないのです。

若い世代の人たちが夢という言葉をよく口にするのを耳にします。これも現実が夢のない社会になってしまったからかもしれません。でも、何でも夢として表現すればいいのかといえば、そんなことはありません。夢の持ち方によって、いい夢と良くない夢があります。

いい夢というのは、人格や能力を磨き、その人をより高い次元へと成長させるものです。そのためには自分のことをよく知らないといけません。

自分は今こういうところにいて、この程度の力で、こんな人間なのだということを十分に知った上で、未来の青写真を描くのなら、夢にいたる現実的な階段が目の前に現れることでしょう。

反対に自分のことをよく知らず、頭の中で都合よくつくり上げた夢は、その人の器を大きく超えた現実味のないものになってしまいます。

それは夢というより妄想に近いものです。

ですから、「夢は大きく持て」ということを言いますが、実際の夢はあまり大きく持たないほうがいいのです。

身の丈にあった適度なサイズの夢を持って、それが実現したら、また次の夢をそこで描いていく。**夢を少しずつ大きくしていくことが、空しさを覚えることなく夢をかなえていく方法なのです。**

矛盾を当たり前として生きる

「そこがあなたの矛盾しているところです！」

そんな風なことを言って、人の矛盾が許せなくなるときが誰しもあると思います。

しかし、矛盾のない人がこの世に存在するのでしょうか。

そんな人はどこにもいません。

なぜなら生きることそのものが矛盾だからです。

先述したように、生きることは苦しみだらけです。それなら、なぜ生きたいと思うのでしょう。まったく矛盾しています。

楽になるから、便利だからといって、さまざまなテクノロジーが開発されますが、かえってそれで時間をとられて忙しくなったり、生活が複雑になってしまっていることは否めません。

パソコンでも携帯電話でも自動車でも、ちょっと考えてみればそんな一面が見えてきます。これも矛盾です。

日本で一番権力を持っている総理大臣は、それだけ一般人よりも自由にしゃべったり、行動したりできるでしょうか。そんなことはありません。

政治家や財界人など、いろいろな人の意見を聞き、話し合って政治的決断をしていかなくてはいけない。ちょっと漢字が読めないからといっては、みんなから散々文句を言われるし、外に出るときは警護官がついてないといけないし、まったく自由がありません。権力は日本で一番あるのに日本一不自由の身です。実に矛盾きわまりない仕事です。

では動物には矛盾はないかというと、そんなことはありません。

たとえば、野良犬はなぜ子どもをたくさんつくるのでしょうか。自分だけでも食べていくのに大変なのに、それで不安になったりすることはありません。

タコは岩穴に入って何万という数の卵を産みますが、卵が孵化《ふか》するまでの間、外敵から守るためずっと傍《そば》にいるのです。その場所を動かないから、自分の餌もとれない。そのためどんどん衰弱していきます。数ヵ月もの間、苦労して卵を守っても、最終的には一〇〇個ぐらいしか生き延びません。それで親のタコは、卵が孵化するころには体力がほとんどなくなって倒れてしまう。それを魚たちが来て食べてしまうのです。

これだって矛盾といえば矛盾だらけです。

ライオンは一、二週間に一回しか獲物をとれません。それでも頑張って子どもを産む。飢えていても子どもにお乳をあげなければいけないし、獲物をとりに行くときは子どもが敵に襲われないよう苦労して隠さないといけない。そんなしんどい思いをしながら、なぜまた子どもを産むのでしょうか。

百獣の王にしても矛盾だらけの存在です。百獣の王といっても、草食動物の後ろを惨めに追いかけていかなくてはならないのです。草食動物に気づかれないように生活しなくてはいけないのです。

人も矛盾だらけなら、動物も矛盾だらけなのです。だから「矛盾しているから納得いかない」といってカッカすることはありません。そう言っているあなた自身、まったく矛盾した存在なのですから。

実は頭でっかちではない現代人の悲劇

情報化が高度に発達したこの社会において、今の日本人はどんどん頭でっかちになっていると言う人がいます。反対に体はどんどん虚弱になり、体を使うより頭をいかにうまく使うかにみんな神経をとがらしていると言います。

しかし、私はむしろ逆じゃないかと思います。

何しろ、みなさん、体のことには非常に気を使っていて、スポーツは観ることもすることもとても人気があります。女性向け雑誌はダイエットの話題を欠かさないし、テレビや新聞はゴルフの石川遼選手や大リーガーのイチロー選手について、毎日のように報道しています。

しかし、頭に関しては、仕事の現場や生活の中で単純な使い方ばかりされていて、ものごとを考える力が極端に衰えているように感じるのです。

これを食べると健康によくないとか、こうすると体重が増えてしまうとか、お気に入りの服に合わせて体をシェープアップするとか、体のことには熱心ですが、ものをちゃんと考えるという、目に見えないことはなおざりなのです。

テレビを見ると、それを強く感じます。

ある番組で辛口で有名なファッションデザイナーが出てきて、そのときの総理大臣のファッションを切りまくっていました。

「このセンスは二〇年前のもの。こんなセンスだから政治もダメなのだ……」

こんな感じでめちゃくちゃ言っていたのですが、私からすれば、そんなことどうでもいい。公人だから見苦しいものを着ていてはダメでしょうけど、そうでなければ何を着ようと勝手ではないですか。

政治の本質に何も関係ないことです。

でも、視聴者は「ファッションと政治家の姿勢は関係ある……」とどこか納得して見ているのではないでしょうか。

そう思ってしまうのは、単純に思考力がないからです。

自分の頭で考える習慣がついていないから、専門家やマスコミが言うことを何でも鵜呑《うの》みにしてしまう。しかし、専門家は視野が極端に狭いし、マスコミはマスコミで思考が止まったようなところがあるから問題なのです。

報道も似たりよったりだし、ニュースの裏側がどうなっているのかと、鋭い問題提起をすることはほとんどない。テレビも雑誌もすべて商業主義に毒されて、問題があってもスポンサー商品や企業、経済社会などに対する批判はちゃんと行わない。ただ政治に対しては愚痴のようなレベルでああだこうだと言う。

大衆に強い影響力を持っているマスコミ自身が、考えることを放棄しているのです。

学校も親も子どもにじっくりと考えることをさせない。考えている暇があれば、歴史の年号や英単語の一つでも覚えたほうがいい。そんな感覚でしょう。

考える習慣がないと、常識の枠の中でしか行動しなくなります。でも常識は絶えず変化しています。今日の常識は明日には通用しなくなる、ということがいくらでもあるのです。

自分で考える力がないため、常識にとらわれ、仕事や人生で失敗する人は少なくありません。

考える力がなければ、その人は他人の考えに従って生きているようなものです。その人自身の足で立って生きているとは言えないのです。

こうやって見ていくと、考える力をなくした今の日本人が「頭でっかち」とは決して言えないのではないでしょうか。

考える力をつけるには、何よりもまず筋道を踏まえた思考習慣を計画的に育てることが大事だと思います。人生も世界も、前もって計画を立てているように変化するものではないのです。

自分の明日はどうなるのか、明日の世界はどう変化するのか、わからないものです。推測してみても、その通りにはならないのです。

即座に考える能力、判断する能力が備わっているならば、予測を超えて変化するこの世界で落ち着いて生活することができるのです。

東日本大震災がきっかけで起こった福島の原発事故は、人間の予想能力が欠陥だらけであることをはっきりと示しました。日本の原発は世界一技術力が優れていると自画自賛し

ていました。そんな空気があったためリスクへの予測はきわめて楽観的なものだったので
す。それゆえ事故が起こったときに一刻でも早く放射能が漏れないように手を打たなくて
はいけなかったのに、関係者は正しい判断と行動が取れなかったのです。
人はものごとを正しく予想することはできないのです。その代わりに、「何が起こって
も素早く正しい判断をできるように」と思考能力を育むべきなのです。

人は常識を破る自由と破ってはいけない常識の二つを持っている

誰かが何か非常識なことをしたら、
「ちゃんと常識を持たないとダメだよ」
とまわりの人が諭したりします。
常識とは、まわりの多くの人が同じように持っている考え方なので、その中にいると社
会的に安全だと思われています。
常識から外れると、社会から排除されてしまうようなことになりかねません。

しかし、だからといって常識は大事なものなのでしょうか。


常識には二種類あります。

それは、個人の常識と生命の常識です。

個人の常識は同じ常識を多くの人が共有するほど、常識度が上がります。

たとえば、ある村だけで通用する常識があるとします。それよりは日本全体で通用する常識のほうが、常識度は高くなるわけです。でも、世界中の人に通用する常識と比べれば、その常識度はまったく低いものになります。

つまり、どれだけの数の人が共有するかで、常識度というものは変わってくる。常識というのはその程度のものです。かなりいい加減なものです。

常識はそうやって人が勝手に決めたものであり、いくらでも変わっていくものであることを忘れてはいけません。


「常識なんてクソくらえ。年寄りの言うことなんか聞けるか」

若者がそう言ったって、その若者もまた若者同士で通用する常識を生きているのです。大人の常識を破る若者の常識が登場しても、それもまた時間がたてば古臭い常識になるのです。

今は常識でないけど、これから多くの人に持ってもらったほうがいいという常識もあります。

たとえば、女性の選挙権なんかもそうです。日本では戦前まで女性の選挙権がなかった。昔は、女性は政治に口出ししないで、旦那や子どもの面倒を見て家を守っていればいいという考え方が常識だったわけです。だけど、それはおかしいと思った人が運動を始めて、それが大きな力になっていったのです。その結果、女性が選挙権を持って政治に参加し、社会に向けて自分の意見を主張してもいいということが常識になったのです。

常識というのは、そのようにどんどん変わっていきます。しかし中には変わらない常識もあります。

常識に四角四面にとらわれている人は不幸ですが、一方、常識なんて自由に破ってもいいんだと言う人は破ってはいけない変わらない常識があることについつい無自覚であったりします。

それは生命の常識です。人はお腹が空いたらご飯を食べなくてはいけない、とか、人と人とは支え合って生きていくべきだとか、そうした生きることの基本に関するものです。

こういう常識は変わるものではないし、また変えたり破ったりしていいというものでもありません。

個人の常識は、この生命の常識の上に乗って、社会や時代の変化とともにどんどん変わっていきます。

変わっていくのが当たり前、破られて当たり前、それが個人の常識のあり方です。

狭い常識にとらわれている人は、自分自身の本来の姿を見失っているのです。

日本人の主食はご飯だ、というのは個人の常識です。でも個人の好みでパンを食べても、ご飯を食べても、うどんを食べても、構わないのです。個人の常識は常に変わるものです。

一方、生命は慈しむべきものであり、それゆえ他の生命も自然も破壊してまで生きるのはよくない。怒りや憎しみは自分も他人も不幸に陥れる最悪の感情である。こうしたことは常識を超えた普遍的な価値観であり、生命の常識なのです。個人が勝手に変えてはいけないのです。人はそういったレベルにおいて〝常識人〟になるべきなのです。

アルボムッレ・スマナサーラ

一九四五年、スリランカ生まれ。一三歳で出家得度。国立ケラニヤ大学で仏教哲学の教鞭をとる。八〇年に来日。駒沢大学大学院人文科学仏教学博士課程を経て、現在はスリランカ上座仏教日本サンガ主任長老としてテーラワーダ(＝上座部)仏教の教義の普及に務めている。『怒らないこと』『怒らないこと2』(サンガ)など著書多数。

小《ちい》さな「悟《さと》り」を積《つ》み重《かさ》ねる

集英社新書〇六一五C

二〇一一年一一月二二日 第一刷発行

著者……アルボムッレ・スマナサーラ

発行者……館 孝太郎

発行所……株式会社集英社

東京都千代田区一ツ橋二-五-一〇 郵便番号一〇一-八〇五〇

電話 〇三-三二三〇-六三九一(編集部)

〇三-三二三〇-六三九三(販売部)

〇三-三二三〇-六〇八〇(読者係)

装幀……原 研哉

印刷所……大日本印刷株式会社 凸版印刷株式会社

製本所……加藤製本株式会社

定価はカバーに表示してあります。

ISBN 978-4-08-720615-9 C0215

Printed in Japan

a pilot of wisdom

虚人のすすめ　康 芳夫
自由をつくる 自在に生きる　森 博嗣
不幸な国の幸福論　加賀 乙彦
創るセンス 工作の思考　森 博嗣
天皇とアメリカ　吉見 俊哉／テッサ・モーリス-スズキ
努力しない生き方　桜井 章一
いい人ぶらずに生きてみよう　千 玄室
不幸になる生き方　勝間 和代
生きるチカラ　植島 啓司
必生《ひっせい》 闘う仏教　佐々井秀嶺
韓国人の作法　金 栄勲
強く生きるために読む古典　岡 敦
自分探しと楽しさについて　森 博嗣
人生はうしろ向きに　南條 竹則
日本の大転換　中沢 新一
実存と構造　三田 誠広
空《くう》の智慧、科学のこころ　ダライ・ラマ十四世／茂木健一郎

ヴィジュアル版――V

「鎌倉百人一首」を歩く　尾崎左永子 写真・原田 寛
神と仏の道を歩く　神仏霊場会編
直筆で読む「人間失格」　太宰 治
百鬼夜行絵巻の謎　小松 和彦
世界遺産 神々の眠る「熊野」を歩く　植島 啓司 写真・鈴木理策
熱帯の夢　茂木健一郎 写真・中野義樹
藤田嗣治 手しごとの家　林 洋子
聖なる幻獣　立川 武蔵 写真・大村次郷
澁澤龍彦 ドラコニア・ワールド　澁澤龍子・編 沢渡 朔・写真
フランス革命の肖像　佐藤 賢一
カンバッジが語るアメリカ大統領　志野 靖史
完全版 広重の富士　赤坂 治績
ONE PIECE STRONG WORDS［上巻］　尾田栄一郎 解説／内田 樹
ONE PIECE STRONG WORDS［下巻］　尾田栄一郎 解説／内田 樹
天才アラーキー 写真ノ愛・情　荒木 経惟
藤田嗣治 本のしごと　林 洋子

a pilot of wisdom

集英社新書　好評既刊

新選組の新常識
菊地 明　0605-D

根強い人気を誇る「新選組」だが、史実と異なるイメージが広がっている。最新の研究結果で実像を明かす。

日本の大転換
中沢新一　0606-C

3・11の震災後、日本は根底からの転換を遂げなければならなくなった。これからの進むべき道を示す一冊。

伊藤Pのモヤモヤ仕事術
伊藤隆行　0607-B

「モヤモヤさまぁ～ず2」「やりすぎコージー」を手がけた、テレビ東京のプロデューサーが贈るビジネス書。

ゴーストタウン チェルノブイリを走る
エレナ・ウラジーミロヴナ・フィラトワ　0608-N

写真家でありモーターサイクリストの著者が、事故後二五年のチェルノブイリの実相を綴った詩的文明批評。

あなたは誰？ 私はここにいる
姜尚中　0609-F

ドイツ留学時、著者はデューラーの絵から強烈なメッセージを受け取る。解説書とは異なる、芸術論の新機軸。

実存と構造
三田誠広　0610-C

サルトル、カミュ、大江健三郎、中上健次などの具体例を示しつつ、現代日本人に生きるヒントを呈示する。

素晴らしき哉、フランク・キャプラ
井上篤夫　0611-F

今も映画人から敬愛される巨匠キャプラの功績を貴重な資料、証言で再評価。山田洋次監督の特別談話も掲載。

文化のための追及権
小川明子　0612-A

日本ではほとんど語られたことがなかった「追及権」。欧州では常識である著作権の保護システムを解説。

電力と国家
佐高 信　0613-B

かつて電力会社には企業の社会的責任を果たすために闘う経営者がいた！「民vs.官」の死闘の歴史を検証。

空《くう》の智慧、科学のこころ
ダライ・ラマ十四世／茂木健一郎　0614-C

仏教と科学の関係、人間の幸福とは何かを語り合う。『般若心経』の教えを日常に生かす法王の解説も収録。